Thomas H. Huber
Master-Chi-Coaching©

AF200602

Hör auf zu müssen,

FANG AN

zu WOLLEN

DAS KUNG-FU PRINZIP

Thomas H. Huber
Master-Chi-Coaching©

Hör auf zu MÜSSEN,

FANG AN

zu WOLLEN

DAS KUNG-FU PRINZIP

Herstellung und Verlag: BoD – Books
on Demand, Norderstedt
ISBN: 9783746019123

„*Die Akzeptanz, dass alles was du tust zu einem Ergebnis führt, befreit dich aus dem System der Schuld. Denn wenn du Schuld an etwas hast, fühlt sich das anders an, als wenn du die Verantwortung für ein Ergebnis übernimmst*".

(Thomas H. Huber)

VORWORT

Spätestens nach den drei zurückliegenden Jahren der Pandemie, gefolgt von dem Kriegsszenario in der Ukraine, wird wohl jedem klar sein, dass Freiheit keine Selbstverständlichkeit, sondern eines der höchsten Güter des menschlichen Daseins ist. Wie wir erfahren haben ist sie definitiv kein Geschenk, man muss sie sich erarbeiten, entweder gemeinsam als Volk oder als einzelner Mensch für sich selbst.

Egal wie man es betrachtet, Veränderung kann nur im Inneren eines Individuums stattfinden, denn dort ist die Quelle für ein glückliches und harmonisches Leben, genau wie das Chaos. Jeder hat die Wahl, wofür er sich entscheidet, und welche Realität er dann im Außen manifestiert.

Das Master-Chi-Coaching© ist die Quintessenz meines Lebens, welches ich als Geschenk betrachte und wofür ich die volle Verantwortung übernehme.

Meine berufliche Karriere, sowie alle Seminare, die ich besucht und sämtliche Bücher, die ich gelesen habe, aber auch meine Rolle als Vater und Ehemann, bilden die Grundsteine meiner Coaching Ansätze.

Was meine Inspiration jedoch am stärksten befeuerte, und noch immer befeuert, sind meine weitreichenden Erfahrungen im Kampfsport (2 schwarze Gürtel). Hier lernte ich, dass mein Geist die Macht besitzt, körperliche Hindernisse zu überwinden, Schmerz zu ertragen, um daraus Heilung entstehen zu lassen.

Seit meinem 15. Lebensjahr widme ich mich dem Studium verschiedener Kampfkünste, darunter Viet

Vo Dao, Shotokan-Karate, Taekwondo, Koreanisches Kung-Fu und Kickboxen.

Als Leiter von Trainingsgruppen, wie z. B. Selbstverteidigungstraining für Männer und Frauen sowie die Teilnahme an vielen Turnierkämpfen prägten meinen Charakter und schufen in mir die absolute Gewissheit, dass die Kraft des Geistes weit mehr bewirkt, als jede auch noch so perfekt ausgeführte Technik.

Durch das kontinuierliche Training mit Menschen habe ich zudem erfahren wie wichtig es ist, mit jedem einzelnen individuelle Ziele zu erarbeiten, damit er sich selbst immer wieder von neuem motivieren kann, um dann eigenständig das nächste Ziel anzuvisieren. Ich kann heute mit absoluter Sicherheit sagen, dass sich sämtliche Lehren der Kampfkunst hervorragend ins alltägliche Leben einfügen lassen, ganz gleich ob auf privater oder beruflicher Ebene.

„Hart sein in Momenten die Härte erfordern. Flexibel und sanft, wenn der Widerstand zu groß wird".

Da Härte und Sanftheit der praktische Ausdruck von Kraft und Energie sind, werden wir uns in diesem Buch hauptsächlich darauf konzentrieren, wie wir beides in unserem Leben in Fluss bringen und auch halten.

Um den theoretischen Teil von Kraft und Energie so kurz wie möglich darzustellen, zitiere ich hierzu Wikipedia:

„Kraft ist Masse mal Beschleunigung oder auch Druck mal Fläche oder auch Impuls pro Zeit. Kraft wirkt auf ein Objekt und

beschleunigt es in eine Richtung. Kraft ist eine gerichtete Größe.
Energie ist eine skalare Größe, sie entspricht der aufgewendeten
Arbeit".

Hilft uns diese Erklärung weiter? Ich denke nicht.
Entscheidend ist doch die Frage, was zuerst da war,
die Kraft oder die Energie? Und wie und wozu wir
beides einsetzen können, um ein erfolgreicheres,
glücklicheres und erfüllteres Leben zu führen?

Ohne die bewusste Wahrnehmung von Kraft und
Energie stoßen wir häufig auf Widerstände. Sobald wir
diesen Energiefluss jedoch in vollkommenem
Bewusstsein erkennen und steuern, können wir
diesen für uns nutzen.
Wir sind zu jeder Sekunde von Kraft und Energie
umgeben. Manchmal jedoch behindern wir deren
Fluss, ein anderes Mal gelingt es uns, „die Welle zu
reiten".

GEISTIGES AUFWÄRMTRAINING

Im traditionellen Kampfsport lernt man eine Technik
nach der anderen. Alles erfolgt in Ruhe, Konzentration
und Achtsamkeit.

Ein guter Meister achtet darauf, dass seine Schüler
jede Bewegung korrekt ausführen. Er weiß, dass sich
falsch ausgeführte Techniken nach einiger Zeit nicht
mehr korrigieren lassen.

Er gibt ihnen auch immer wieder die Chance, ihre
Haltung selbst zu verändern, damit sie ihren
persönlichen Stil finden.

Da er weiß, dass er das Vorbild seiner Schüler ist, wird er immer darauf achten, die beste Seite seines Selbst zu leben.

Er hat Verständnis für die anfänglichen Schwierigkeiten seiner Schüler und motiviert sie stets, über diese hinwegzukommen. Das gelingt ihm genau deshalb, weil er achtsam mit sich selbst umgeht und dies auch in jeder Minute seines Trainings zeigt.

Er ist nicht nur Herr über seinen Körper, sondern auch über seinen Geist.

„Sei auch Du dein eigener Herr".

Auf den folgenden sieben Seiten findest du jeweils nur einen Satz bzw. eine Aussage oder auch Frage. Lies jede einzelne davon ruhig mehrfach und dann denke **mindestens 10 Minuten** darüber nach, bevor du auf die nächste Seite weiterblätterst. Es ist wichtig, dass du dir diese Zeit gibst. Manche Sätze sind offen, finde selbst den für dich passenden Rückschluss.

Bewerte die aufsteigenden Gedanken nicht! Drück ihnen nicht das Siegel „Gut" oder „Schlecht" auf, sondern nimm sie für das an, was sie sind, Gedanken. Nicht mehr und nicht weniger.

Sei dabei achtsam wie die alten Meister. Beobachte aufmerksam, was dir in den Sinn kommt.
Schreibe möglichst detailliert auf, welche Gedanken und Emotionen in dir hochkommen!

Nutze dazu die freien Stellen auf der entsprechenden Buchseite.

Denn alles, was dir in dieser Phase ins Bewusstsein strömt, ist ein Schatz, DEIN Schatz, der aus den tiefen deines wahren Selbst kommt.

Schenke von nun an allem, was aus dir heraus entsteht, Achtsamkeit und Anerkennung.

Erkenne dich an für das was du tust und wer du bist.

Erlaube dir authentisch zu sein, genau wie du diese Authentizität anderen zugestehst.

Höre auf deine innere Stimme und beobachte, welche Gefühle und Emotionen sie in dir auslöst.

Sei aber nicht die Stimme, sondern werde zum Beobachter, zum Zuhörer, bis du letztlich zum Regisseur wirst. Du allein hast die Kraft in dir, welche die Energie für Wachstum entstehen lässt.

Und nun entdecke diese Kraft!

Hör auf dich zu beschweren, sondern verändere ...

Was Peter über Paul sagt, sagt mehr über Peter als über Paul.

Welchen Inhalt haben Sätze, die mit „ich bin..." anfangen, für gewöhnlich?

Was fühlst du, wenn du sagst „ich bin…"?

Was ist der Unterschied zwischen einem „hin zu…" und einem „weg von…"?

Was löst ein „du musst...“ in dir aus?

Was löst ein „ich will…" in dir aus?

GRUNDLAGEN
EGO – VERSTAND - GEIST - SEELE

„Die Frage, woher wir kommen und wohin wir nach unserem weltlichen Dasein gehen, bleibt ein unlösbares Rätsel, bis sich uns eines Tages der tiefere Sinn des Ganzen offenbart und wir verstehen, dass wir mehr sind, als die Hülle aus Fleisch und Knochen, die wir täglich im Spiegel sehen".

Bevor ich dir zeige, wie du die Kung-Fu-Prinzipien in deinen Alltag einbauen kannst, widmen wir uns zunächst einmal der Grundausstattung deines Körpers, beziehungsweise deiner mentalen und physischen Werkzeuge.

DAS EGO

Viele Menschen begegnen dem Begriff „Ego" tagtäglich, wissen aber nicht viel damit anzufangen. Oftmals ist das Ego mit negativen Adjektiven belegt. Deshalb lass uns doch zunächst einmal beleuchten, was genau sich hinter dem geheimnisvollen *Ding* verbirgt, das offenbar einen unglaublichen Einfluss auf unser Leben hat, obwohl wir nicht wirklich wissen wie es funktioniert und wozu es da ist.

Mittlerweile ist es zumindest ein oft gehörter, vielfach benutzter, und meist komplett falsch verstandener Begriff. Man könnte darauf auch humorvoll antworten: „Das Ego ist Fluch und Segen in einem". Oder was du auch hin und wieder vielleicht schon gehört hast: „Der Kerl ist ein EGO auf zwei Beinen". Einige bezeichnen das Ego auch als „ICH", was dann im Umkehrschluss bedeutet: „Ich bin mein Ego!" Manchmal hört man auch: „Der und sein Ego", was wiederum impliziert, dass es sich dabei um zwei Personen in einer handelt, wie Dr. Jekyll & Mr. Hyde, wobei dieser Vergleich der Wahrheit ziemlich nah kommt. Oder man sagt auch „der Egoist". Das wiederum klingt schon fast nach einer Krankheit. Auffallend ist, dass das Ego fast immer im Zusammenhang mit einem Mann zur Sprache kommt. Das ist darin begründet, dass das Ego im Mann in der Tat stärker ausgeprägt ist, als bei der Frau. Das hat unter anderem damit zu tun, dass der Mann seit Urzeiten die Frau und die Kinder mit seiner Körperkraft beschützt hat und durch das stärkere, impulsivere Ego mehr Adrenalin ausgeschüttet wird, was wiederum die Muskeln stärkt und bei einem Kampf die Schmerzen minimiert. Auf die Frage nach dem Ego haben wir also die unterschiedlichsten Antworten parat, weshalb ich zu diesem Schluss komme: „Ganz genau weiß der Mensch offenbar nicht, was es mit dem Ego auf sich hat". Die Antwort hängt immer davon ab, wen du gerade fragst.

Aus meiner Perspektive beschreibe ich das Ego als eine Art Computerprogramm, welches die Grundfunktionen des Körpers steuert, mit dem es offenbar untrennbar verschmolzen ist. Der Körper und das Ego sind somit eins. Du hörst es sogar hin und wieder reden. Es ist meist die lauteste Stimme in deinem Kopf, auch wenn es dabei nur flüstert. Zumindest aber ist es die Stimme, der du die größte Aufmerksamkeit schenkst. Du bist dir aber trotzdem nie sicher ob das, was die Stimme dir sagt, auch tatsächlich stimmt. Das Ego ist dafür da, das Überleben deines Körpers zu sichern. Stirbt dein Körper, stirbt auch das Ego. Es ist ein sehr komplexes, autonomes Programm, das lernfähig ist und körperliche Vorgänge wie Gefühle, Emotionen und Sinneseindrücke steuert und speichert. Es beeinflusst und generiert auch unbewusste, gewohnheitsmäßige

Gedanken- und Verhaltensmuster. Das Ego ist sozusagen der Leibwächter des Körpers und es ist aufmerksam wie ein schlafender Wachhund, der bei der geringsten Störung zu knurren beginnt. Das Ego registriert alles was du erlebst und vor allem, was du erfährst und durch diese Erfahrung letztlich auch fühlst. Wenn es merkt, dass du durch irgendetwas oder irgendwen verletzt wurdest, sei es körperlich oder seelisch, fährt es sofort die Verteidigungsmechanismen hoch und justiert seine Detektoren. Nichts entgeht ihm. Es entwickelt ständig neue Vermeidungs- oder Angriffsstrategien, die dich vor weiteren Verletzungen beschützen sollen, obwohl du bewusst vielleicht gar keine Bedrohung wahrgenommen hast. Eine derartige Strategie kann zum Beispiel so aussehen, dass du eine Abneigung gegen gewisse Menschen, Situationen oder Tätigkeiten entwickelst, bei denen du dich zuvor einmal schlecht gefühlt hast. Wird dir das nicht bewusst, formst du auf unbewusster Ebene Ausreden, wie „den konnte ich sowieso nie leiden" oder „diesen Job wollte ich ohnehin nicht". So will dich das Ego vor weiteren negativen Erfahrungen schützen. Aber nicht nur negative Dinge versetzen das Ego in Alarmbereitschaft, sondern auch Ereignisse, die ihm Komplimente einbringen, damit es sich größer und besser fühlen kann. Das Ego ist sozusagen das Messgerät deines Befindens. Ich sage absichtlich nicht „Wohlbefindens", denn das perfide an ihm ist, dass es Gemeinheiten und Qual genauso braucht, um sich lebendig zu fühlen, wie Lob und Anerkennung. Es gibt Menschen, deren Augen zu leuchten beginnen, sobald sie von ihren Problemen berichten. Das hast du bestimmt auch schon erlebt. Manche Menschen geben sich ihren Problemen vollkommen hin, jahrelang, ohne irgendetwas an der Situation zu verändern, die sie doch angeblich so sehr hassen. Auch das ist das Ego. Das Ego hält dich in dem Zustand, der die größtmögliche Sicherheit für das Überleben des Körpers bietet, zumindest aus seiner Sicht. Ob du arm bist oder reich, spielt dabei keine Rolle. Wenn es glaubt, du bist nur dann sicher, wenn du unglücklich bist, kreiert es in deinem Leben dementsprechende Ereignisse. Du erlebst dann meist nur traurige Dinge, die dir über deine Glaubenssätze die Bestätigung geben, dass du es wohl nicht anders verdient hast. Aber das ist noch lange nicht alles. Das Ego ist so schlau, dass du sein Spiel nicht durchschaust. Du gehst ihm wieder und wieder auf den Leim. Es kreiert Glaubenssätze, die maßgeblich dafür da sind, dass du in der Form über dich denkst, wie du das eben tust. Das Ego gibt vor, DU zu sein und wenn du sagst, das bin ICH, meinst du eigentlich dein Ego. Kannst du dir stattdessen folgendes vorstellen?

„Du bist eine unsterbliche Seele, die den Körper benutzt! Du bist nicht der Körper, du benutzt ihn nur! Das Ego ist das Betriebssystem des Körpers und gaukelt dir vor, du zu sein!"

Das Ego ist übrigens auch der Produzent deiner Glaubenssätze. Diese sagen dir, wie du über dich denkst. Sie fangen meist mit „ich bin..." an. Sei also wachsam. Sobald du dich sagen hörst „ich bin ...dies oder das..." weißt du, dass vermutlich dein Ego gerade aktiv ist. Glaubenssätze sind der Maßstab deines Seins, ob dir das passt oder nicht. Nur so viel sei an dieser Stelle dazu gesagt: Solange du gemäß deinen Glaubenssätzen lebst, bist du für das Ego berechenbar und leicht im Griff zu halten. Später vertiefen wir das Thema Glaubenssätze, damit du ihre Wirkungsweise in ganzem Umfang verstehst und wie man sie auflöst. Das Ego ist sich seines Selbst bzw. seiner Existenz auch nicht bewusst. Es kennt kein ICH. Und es ist weder gut noch böse. Es verrichtet nur seinen Job.

Verurteile es deshalb nicht. Nehme nur wahr, dass es da ist. Wichtig ist, dass du dir erst einmal klarmachst, dass du ein Ego hast, dieses aber nicht bist. Du bist eindeutig mehr, als nur dein Ego. Du bist ein weitaus vielschichtigeres Wesen, als du dir im Moment vielleicht noch vorstellen kannst.

„Du bist nicht dein Ego! Du hast nur eins!"

Viele Menschen können nicht nachvollziehen, dass sie mehr sein könnten, als dieser Körper, den sie jeden Tag im Spiegel sehen, füttern, waschen und anziehen. Für sie ist Körper/Ego, Seele und Geist ein und dasselbe. „Das bin eben ICH. Ich bin wer ich bin". Damit es dir leichter fällt deinen Körper, und alles, was dazu gehört, besser fühlen zu können, bitte ich dich, eine kleine Übung zu machen, wenn du das nächste Mal unter der Dusche stehst. Es ist kein wissenschaftlicher Test, sondern eher eine nette Überraschung. Du stellst dich mit dem Rücken zur Dusche und richtest den Wasserstrahl auf deinen Hinterkopf. Stehe dabei entspannt, schließ deine Augen und fühle, wie das Wasser über deinen Kopf und über deinen Rücken läuft. Dann hältst du dir gleichzeitig beide Ohren zu, während das Wasser weiterläuft. Du nimmst dabei deine Umwelt nicht mehr über den äußeren Gehörgang wahr, sondern über deinen ganzen Körper und vor allem über deine Schädelknochen. Öffnest du währenddessen deine Augen, hast du das Gefühl, als würdest du durch die Augen des Körpers hinaussehen, so wie ein Blick durch ein Fenster.

Auch wenn das natürlich nur eine spaßige Übung ist, steckt doch ein tieferer Sinn dahinter. Wenn es dir gelingt, wie auch immer, hin und wieder innezuhalten um festzustellen, dass du NICHT dein Ego bist, dann frage dich:

Seite | 22

„Wer bin ich dann?"

Allein diese Frage drückt aus, dass da mehr sein könnte, als du normalerweise wahrnimmst. Diese Wahrnehmung reicht oft aus, um den Initialisierungsprozess anzustoßen. Denke in den nächsten Tagen einfach mal öfter an deine vielschichtige Persönlichkeit. Erwische dich sozusagen beim Denken! Du wirst überrascht sein, wie oft du denkst und wie viele Gedanken davon reine Zeitverschwendung sind. Frage dich:

„Wer denkt denn da gerade?"

Du wirst schnell feststellen, dass der Denker nicht der ist, der das Denken bemerkt. Du bist der Zuhörer und gleichermaßen der Regisseur deiner Gedanken. Mit dieser Technik entwickelst du eine gesunde Selbstwahrnehmung. Mache daraus aber keinen Wettkampf. Es kommt nicht darauf an, wie oft dir das gelingt und es ist unwichtig mitzuzählen, ja sogar notwendig, dass du das nicht tust. Denn sonst spuckt das Ego sofort wieder in die Hände und packt mit an, um dich zu kontrollieren. Das wäre kontraproduktiv. Sieh es als Spiel an und freue dich darüber, dass es dir immer leichter fällt, dein Ego nicht so ernst zu nehmen. Dir darüber bewusst zu werden, dass die Instanzen Ego, Geist und Seele in dir beherbergt sind, ist die Grundlage für die nächsten Schritte. Dazu konzentriere dich darauf, wie das Zusammenspiel unter ihnen im Detail funktioniert und welchen Einfluss du darauf hast, DU, die unsterbliche Seele. Diese Vorgänge sind recht komplex, und es bedarf etwas Übung, um deren Wirkweise zu erkennen. Die Reaktionen des Egos erkennst du meist daran, dass sie sehr drastisch und überzogen sind. Das Ego ist ein hervorragender Schauspieler, ein Chamäleon. Es führt ständig ein neues Theaterstück auf, um deine volle

Aufmerksamkeit zu erhalten. Es will erreichen, dass du dich mit ihm identifizierst. Es will, dass du ihm vertraust, zu 100%. Deshalb sind die Rollen, die es für dich kreiert, sehr oft auch gute Rollen, mit denen du dich gern in Verbindung bringst. Es gibt dir immer mal wieder ein „Rotes- Teppich-Feeling", lässt dich zum Star werden, damit du mehr davon haben willst. Tatsächlich ist es aber immer eine vom Ego erschaffene Rolle, die dafür sorgt, dass es selbst am Leben bleibt. In dem du dich bereiterklärst all diese Rollen zu spielen, bestärkst du das Ego darin, dir immer wieder neue Szenarien und Lebensumstände zu erschaffen, die du dann als DEINE eigenen betrachtest. So lange es gute, attraktive Rollen sind, hast du vielleicht auch Spaß daran und gibst stolz vor, deren Urheber zu sein. Geht aber etwas schief, war meist ein anderer dafür verantwortlich, also ein Anderer war dann der Schuldige. Sobald das Ego im Leben eines Menschen seinen Job antritt, meist beginnt das in dem Alter, in dem der kleine Mensch anfängt zu sprechen, übernimmt es die komplette Führung über seinen Wirt.

Wenn es das Steuer im Leben (s)eines Menschen in die Hand genommen hat, in unserem konkreten Fall in „DEINEM" Leben, bekommst du das meist gar nicht mit. Diese Übernahme läuft in der Regel vollkommen unbewusst ab und bleibt dadurch auch unerkannt. Als die Übernahme bei dir stattfand, warst du noch viel zu klein, um das zu bemerken. Das Leben hatte für dich gerade begonnen, alles war neu. Und deine Eltern haben sich nur um dich gedreht. Auch für sie war das eine unbekannte, verantwortungsvolle Aufgabe. Sie hatten Angst, dir nicht gerecht zu werden. Vielleicht erinnerst du dich noch ganz leise daran, dass da irgendwann in deinem Leben plötzlich etwas anders war als zuvor. Was vorher leicht und mühelos ging, wurde ab diesem Moment schwer und mühsam. Bei vielen Menschen macht sich dies wie eine spontane Persönlichkeitsspaltung bemerkbar. Vielleicht hast du selbst Kinder, oder es gibt welche in deinem näheren Umfeld, an denen du das im Nachhinein sehen kannst. Den Zeitpunkt kann man nicht genau bestimmen, doch die Auswirkung ist vehement. Als Beispiel erzähle ich dir die Geschichte eines Menschen, der den Zeitpunkt der Ego- Übernahme bei seinem Sohn ziemlich genau bestimmen konnte. Kurz nachdem der Junge zu sprechen begann, nahm ihn sein Vater an einem Winterabend auf den Arm, wickelte ihn in fest in eine warme Decke und ging mit ihm hinaus in den Garten. Es war klirrend kalt und der Himmel glasklar. Das Weltall lag in seiner ganzen Pracht vor den beiden. Der Vater zeigte mit dem Finger auf den Nachthimmel und sagte zu seinem Sohn: „Sieh nur, wie schön das funkelt". Doch der Sohn zeigte sich völlig unbeeindruckt. Er schaute seinen Vater mit hochgezogenen Augenbrauen an und antwortete in einer äußerst abgeklärten Art und Weise, die der Vater nicht von ihm erwartet hatte. Deshalb hat sich dieses Ereignis auch tief in seiner Erinnerung eingegraben. In einem fast gelangweilten, mitleidsvollen Ton sagte der Kleine:

„Ach Papa, das kenne ich doch schon. Da war ich doch erst. Kurz bevor ich hierhergekommen bin".

Zuerst traute der Vater seinen Ohren nicht: „Was, wie kommst du darauf?" wollte er wissen. Der Sohn antwortete in einem Ton, als würde er seinen Vater für dessen Unwissenheit bedauern: „Oh, Papa, weißt du das denn nicht? Da leben wir immer dann, wenn wir gerade mal nicht hier sind". Das war für den Vater ein unglaubliches Erlebnis und rückblickend weiß er heute, dass es seine Chance war, seinen eigenen

Standpunkt im Leben immer und immer wieder neu zu betrachten. Die Weisheit der kindlichen Seele seines Sohnes wurde zu seinem Leuchtfeuer. Doch diese frühkindliche Weisheit und Offenheit verschwanden kurz darauf im kindlichen Körper. Seine göttliche Transparenz ging immer mehr verloren, wie bei jedem kleinen Menschen, dessen Körper vom Ego übernommen, ja regelrecht besetzt wird. Danach ging der Kampf dann richtig los. Die allumfassende, bedingungslose Liebe die man als Vater und Mutter für sein Kind hat, wird hart auf die Probe gestellt. Aus Kindern werden kleine Monster. „Haben wollen, brauchen ich!" „Ich will das abeeeeeer!!!". Ich erinnere dich vielleicht an deine eigenen Dramen an der Supermarktkasse: „Mama, krieg ich einen Lutscher?" Natürlich kannst du nicht jeder Kaufabsicht deines Kindes nachgeben, zumal du als guter Elternteil um den Zustand seiner Zähne bangst. Also sagst du: „Nein, mein Schatz, jetzt nicht". „Aber ich will den unbedingt!" Du antwortest noch drei bis viermal ruhig und gelassen mit „nein mein Engel, jetzt nicht". Dann fangen die anderen Kunden an, aufmerksam dabei zuzusehen, wie sich dein geliebtes Kind langsam aber sicher zum Anti-Christ entwickelt. Zuerst hörst du sie tuscheln: „Was für ein ungezogenes Kind". Nach dem zwanzigsten „ICH WiiiiiiiLLLLLLLL AAAABEEER!" und deinem stoischen: „Jetzt nicht", liegen deine Nerven blank, der Schweiß läuft dir über die Stirn, du versuchst krampfhaft ruhig zu bleiben. Zwischendurch hebst du noch ein paar Mal Dinge vom Fußboden auf, die dein kleiner Prinz oder deine kleine Prinzessin wütend vom Band geworfen hat, bis dir dann letztlich der Kragen platzt und du losbrüllst: „Hör jetzt endlich auf zu nerven!!! Sonst wartest du beim nächsten Mal allein im Auto! Hast du mich verstanden?" So ein Aufschrei erleichtert dich natürlich nicht wirklich. Denn hinter dir hörst du nun die Kunden sagen: „Manche Leute sollten einfach keine Kinder kriegen". Du schaust dich um und blickst ihnen direkt in die Augen. Sie fühlen deine Rage und senken den Kopf, und deine Hand ballt sich zur Faust. Am liebsten würdest du ihnen einen körperlichen Verweis erteilen, doch deine gute Erziehung lässt so ein Benehmen natürlich nicht zu. Wütend und entnervt schnappst du dein kleines Monster und den Einkaufswagen und verschwindest. Wenn du Kinder hast kannst du das vielleicht nachvollziehen. Es ist nicht immer einfach. Deshalb sollten heute alle Erwachsenen, die über all die Jahre nicht müde geworden sind, sich noch immer über ihre Eltern zu beschweren, endlich die Klappe halten. Seid froh, dass ihr eure Kindheit überlebt habt. Wertschätzt die Leistung eurer Eltern und, dass sie euch so sehr geliebt haben. Denn hätten sie das nicht getan, wärt ihr heute nicht mehr am Leben. Eine Frau berichtete ihre Story, als sie bei Ihrem jüngsten Sohn zum ersten Mal mit dessen Ego in Berührung kam. Er war immer ein süßer kleiner Fratz mit blondem Haar und leuchtend blauen Augen, ein menschliches Wesen in Engelsgewand sozusagen. Immer dann, wenn die beiden beim Spazierengehen an der benachbarten Eisdiele vorbeikamen fragte sie ihn, ob er denn nicht einmal ein Eis probieren wolle. Er schüttelte aber jedes Mal angewidert den Kopf. Also zog sie nach seinem hundertsten Kopfschütteln den Rückschluss, dass Eis wohl nichts für ihn war. Sie akzeptierte es dann irgendwann und bestellte einfach nur für sich ein Eis, ohne ihn erneut zu fragen. Als sie dann lustvoll an ihrem Waldmeistereis leckte, während sie wortlos mit dem Kleinen an der Hand weiterging, fiel bei ihm der Schleier. Er brüllte lauthals los: „Nieeee krieg ich ein Eis. Warum hast du mir keins gekauft?" Da half kein nettes, „aber mein kleiner Schatz, du wolltest doch noch nie eins. Soll ich dir jetzt eins kaufen?" Der Kleine ließ sich nicht beruhigen: „Neeeiiiin, jetzt will auch keins mehr". Sein Ego übernahm seit diesem Ereignis die Führung über sein Wesen. Aus einem kleinen, süßen Fratz wurde ein nörgelnder, meist unzufriedener Zeitgenosse. Man sieht an den Beispielen gut, dass das Erwachen des Egos früher oder später jeden trifft. Bisher ist mir kein wirklich erleuchteter Mensch begegnet, der frei von ihm ist. Aber es gibt viele, die den richtigen Umgang mit ihrem Leibwächter gelernt haben. Du kannst einfach versuchen zu akzeptieren, dass es das Ego gibt und, dass es ein Teil von dir ist. Es gibt natürlich niemand gerne zu, dass er nicht Herr seiner Sinne und seines Lebens ist, dass es da einen Mitbewohner in ihm gibt, der ihn lenkt. Das erinnert an den Film Alien. Ein außerirdisches Monster gedeiht im Bauch eines Menschen, bis es sich irgendwann durch dessen Körper frisst und ausbricht. Ein echter Horror-Gedanke. Aber ja, so ähnlich ist das. Nur ist das Ego kein Wesen das einen eigenen, grobstofflichen Körper entwickelt, und irgendwann eigenständig, ohne deinen Körper, leben könnte. Die Fusion mit ihm ist alles was es hat, und diese Verbindung bleibt, so lange der Körper lebt, bestehen. Das Ego ist nichts Physisches oder Greifbares, sondern in der Tat nur eine Art Computer-Programm. Darin liegt aber auch eine gute Nachricht. Da es „nur" ein Programm ist, kann es auch physisch keinen echten Schaden in dir verursachen. Es ist natürlich direkt an deine Gehirnfunktionen angeschlossen und kann dir alles vorgaukeln was es will. Aber passieren kann dir nicht wirklich etwas. Denke doch mal an ein Computerspiel. Du tauchst so sehr darin ein, dass du schon fast das Gefühl hast, tatsächlich verletzt werden zu können. Doch das ist alles nur eine Illusion. Man spricht bei Computerspielen ja auch von Virtual Reality, also einer Realität, die nur in deiner Vorstellungskraft existiert. Und doch gehst du ihr auf den Leim. Du fühlst mit und glaubst, ein Teil davon zu sein. Dein Blutdruck steigt, dein Puls rast. Du erlebst das, was ein anderer für dich programmiert hat. Genauso funktioniert das mit dem Ego. Du fragst dich, wie du es abstellen kannst? Vergiss es! Das Ego lässt sich genauso wenig abstellen, wie die Verdauung. Wenn man dem Ego eine Position im menschlichen Körper zuordnen wollte, wäre das Stammhirn vielleicht die richtige Stelle. Von dort werden alle Vitalfunktionen gesteuert, die für das Überleben des Körpers notwendig sind. Man könnte auch sagen, dass sich dort die Schnittstelle zur universellen Intelligenz befindet.

Ist es nicht ein gleichermaßen erschreckender wie wundervoller Gedanke, dass es da etwas gibt, das auf unsere lebenserhaltenden Funktionen achtet? Wenn wir schlafen werden wir weiter beatmet und die Nahrung wird verdaut. Die Körpertemperatur wird erhalten, genau wie das Herz ohne unser Zutun schlägt, tagein tagaus.

Deshalb ist jeder Versuch, das Ego abzuschalten, zwecklos. Der einzige Ausweg ist die Akzeptanz, dass es existiert. Schließe Frieden mit ihm. In dem Moment, in dem du aufhörst dagegen anzukämpfen, kannst du erkennen, dass andere Faktoren in dir wieder mehr und mehr zum Leben erweckt werden. Wirst du dir bewusst darüber, dass du NICHT Dein Ego bist, sondern nur eins in dir wohnt, gewinnst du Abstand zu ihm und nimmst einen übergeordneten Standpunkt ein. Du kommst dann deiner Seele wieder etwas näher und gibst ihr, und somit deinem WAHREN SELBST, eine neue Perspektive. Du spürst, dass da noch mehr möglich ist, als ein stumpfes Abarbeiten deiner täglichen Aufgaben. Du wirst dich jetzt vielleicht fragen: „Wie kann ich unterscheiden, welcher meiner Gedanken von meinem Ego und welcher von meiner Seele kommt?" Sei aufmerksam und wachsam. Sobald ein Gedanke in dir aufsteigt prüfe, welche Gefühle er in dir auslöst und reagiere dann nicht unmittelbar mit einer Aktion, einer Handlung. Ego implizierte Gefühle äußern sich oftmals auf diese Weise:

- Grundlose Trauer
- Wut
- Rachegefühle
- Hass
- Neid
- Minderwertigkeitsgefühle
- Erniedrigende Gefühle
- Beleidigt sein
- Eitelkeit
- Übertriebene Freude
- Das Gefühl besser zu sein, als andere

Atme durch und höre, was dir dein rationaler Verstand sagt. Bringe einen zeitlichen Abstand zwischen dem Aufsteigen des Gedankens und der Reaktionsbereitschaft in dir. Warte ab. Erhältst du dann Antworten wie diese

- Ich kann das nicht.
- Ich traue mich das nicht.
- Ich bin zu dumm dazu.
- Alle anderen sind besser als ich.
- Ich bin nicht gut genug

kannst du davon ausgehen, dass dein Ego wieder für dich eingesprungen ist, um dich vor vermeintlichen

Gefahren und Niederlagen zu beschützen. Aber Vorsicht, auch Gedanken wie

- Das ist eine meiner leichtesten Aufgaben.
- Das mache ich mit links

können Anzeichen für ein Mitwirken des Ego sein. Was einzig und allein hilft ist eine ehrliche Bestandsaufnahme, ein Festmachen von Fakten:

- Habe ich die fachlichen Qualifikationen für diese Aufgabe?
- Ist mein Englisch für den Job in den USA gut genug?

Erkenne den Unterschied zwischen Fakt und Interpretation. Das Ego spielt immer mit Gefühlen, Verletzungen, subjektiven Empfindungen und erzählt Geschichten. Der Geist sucht nach objektiven, verstandesgemäßen Antworten. Es ist ja wirklich nicht notwendig zu betonen, dass man für gewisse Jobs auch die richtigen Skills aufweisen muss. Nicht jeder kann mit einer Rakete zum Mond fliegen, nur, weil er „Von der Erde zum Mond", von Jules Verne, gelesen hat. Zu einem solchen Job gehören ein unglaubliches Fachwissen und eine entsprechende körperliche Konstitution. Würde ein übergewichtiger, schlecht gebildeter Mensch, der vielleicht nicht einmal seine Muttersprache vollkommen beherrscht auf die Idee kommen, sich für ein Raumfahrtprogramm anzumelden, liegt die Antwort auf der Hand, woher dieser Gedanke wohl stammt.

Ein übertriebenes Selbstwertgefühl ist in der Regel immer reine Ego-Sache, da dieses von Superlativen lebt und deshalb nur „perfekt" und „miserabel" kennt. Deshalb hör gut hin, wenn du in dir seine Stimme vernimmst. Willst du in deinem erlernten Beruf die

Karriereleiter emporsteigen, hast du jederzeit die Möglichkeit das zu schaffen. Du könntest dich eventuell noch weiterbilden, falls das notwendig wäre, doch ansonsten würde dir nichts im Weg stehen. Du kannst dich bestärken, wenn du dir sagst, „die anderen kochen auch nur mit Wasser". Gedanken sind sehr machtvoll. Überlege dir deshalb ab sofort besonders gut, wie du auf sie reagieren möchtest. Du erkennst dann auch, dass sich das Ego in unterschiedlichen Gewändern zeigt. Mal will es einen Star aus dir machen, mal ein niedergeschlagenes, zitterndes Etwas. Du fragst dich, warum es das tut? Weil es die Herrschaft, die Kontrolle über dich erhalten muss. Nur wenn es die volle Kontrolle über dich hat, fühlt es sich sicher. Es hat von der Schöpfungskraft den Auftrag erhalten, dein Überleben zu sichern. Wünsche deiner Seele bedeuten für das Ego große Gefahr. Es hat Angst, dass ihm alles aus der Hand gleitet. Für das Ego wäre das furchtbar. Es hätte aus seiner Sicht versagt und das muss es unter allen Umständen verhindern. In der Natur des Egos gibt es nur einen Leitsatz, und dieser heißt: „Friss oder stirb". Aus seiner Sicht dient alles nur der Arterhaltung. Bei uns Menschen kommt nun allerdings erschwerend dazu, dass wir ein Bewusstsein haben. Wir sind auf eine Art und Weise erschaffen, die es uns ermöglicht, frei zu denken. Deshalb kommt es regelmäßig zu einem Konflikt zwischen Ego und Geist. Je öfter du dich als Beobachter deiner inneren Prozesse wahrnimmst, desto schneller wirst du eine Verbindung zu deiner Seele, deiner wahren Herkunft aufbauen, und dich aus der Umklammerung des Egos befreien.

DER VERSTAND

Der Verstand ist die logische Instanz, welche die manchmal überzogenen Entscheidungen des Ego relativiert. Beide führen eine Art Co-Existenz auf materieller Ebene. Der Verstand ist allerdings auch mit dem Geist verknüpft, von dem er Impulse in Form von Intuitionen aus der ätherischen Welt erhält. Somit fungiert er als Bindeglied zwischen der materiellen und geistigen Welt. Mit ihm besänftigst du die emotionsgeladenen Gedankenmuster des Ego, allerdings nur dann, wenn du dir deiner internen Prozesse bewusst bist. Das heißt, wenn du wahrnimmst, dass du, also dein wahres Selbst, nicht der Auslöser dieser Gedanken ist. Bei vollkommen unbewussten Menschen ist der Verstand derart vom Ego eingelullt, dass er kaum noch irgendeine Form von Kritik zeigt. Er nimmt die vom Ego eingegeben Impulse als die einzige Wahrheit an, ohne selbst aktiv zu werden.

Wenn dein Ego eine Bedrohung wahrnimmt, die dem Körper schaden könnte, reagiert es spontan mit gewohnheitsmäßigen Handlungen. Dieses spontane Handeln ist weder durchdacht noch zwingend erfolgreich. Es ist einfach nur eine gewohnheitsmäßige Reaktion.

Die Groteske wird noch deutlicher, wenn du dir folgende Situation vorstellst. Einmal mit dem Einsatz von klarem Verstand, einmal ohne.

1. Ohne Verstand:

Dein Körper geht mit dir auf einem Bürgersteig. Plötzlich kommt ihm ein Hund entgegen. Das Ego gleicht die Situation mit einer gespeicherten Information ab. Diese sagt:

Hund! Beißt! Gefahr! ANGST!!!

Daraus entsteht ein Vermeidungsimpuls, der deinen Körper dazu bringt auf die Straße zu springen, um dem Hund auszuweichen. Leider kommt in diesem Moment gerade ein LKW und du wachst, bei glücklichem Ausgang des Vorfalls, im Krankenhaus wieder auf.

2. Mit Verstand (und Anbindung zum Geist)

Das Ego nimmt den Hund wahr und signalisiert die oben genannten Impulse. Dein Verstand erkennt die Panik des Ego und relativiert dessen Sinneseindrücke. Er stellt fest, dass der Hund klein und angeleint ist und deshalb wohl wenig Gefahr von ihm ausgeht. Der Verstand bietet dem Ego einen Verbesserungsvorschlag an. „Liebes Ego, danke für deine Fürsorge. Suche doch bitte mal in deinem Archiv für Lösungen mit angemessener Reaktion". Tatsächlich erinnert sich das Ego an positive Begegnungen mit Hunden. Es nimmt den Rat des Verstandes zur Kenntnis und veranlasst den Körper, seinen Schritt zunächst einmal zu verlangsamen, danach Augenkontakt mit dem Herrchen des Hundes und dann mit dem Hund selbst herzustellen. Es wird eine positive Stimmung aufgebaut und mit einem Lächeln nach außen gebracht.

Der Körper streckt behutsam die Hand nach dem Hund aus. Der Hund wackelt mit dem Schwanz, schnüffelt an der Hand, leckt einmal darüber und sein Herrchen zieht ihn an der Leine weiter. Die Gefahr ist gebannt. Vielleicht ein sehr simples Beispiel, doch es sollte das Zusammenspiel von Ego und Verstand überspitzt darstellen. Bevor also eine Ego- implizierte Reaktionsbereitschaft in einer Handlung mündet, hat dein Verstand Zeit für eine Revision. Wichtig ist, dass du nicht immer nur vollkommen gedankenlos auf dein Ego hörst. Der Verstand ist, wie bereits erwähnt, die Schnittstelle zu deinem Geist, und der wiederum das Bindeglied zu deiner Seele. Fälschlicherweise setzen wir meist den Verstand mit dem Geist gleich. Doch in Wirklichkeit sind das tatsächlich zwei voneinander unabhängige Einrichtungen. Da das Ego bei den meisten Menschen sehr übermächtig ist, steuert der Verstand tatsächlich nur wenig zur Verbindung mit der Seele bei. Er hat sich meist derart auf das Ego-Spiel eingelassen und ist deshalb eher ein Diener dessen zu sehen, als eine autonome Einheit.

Auch hier ein Beispiel:

Was wir Menschen als einen „intelligenten" Wissenschaftler bezeichnen, ist in Wirklichkeit möglicherweise ein Ego-Zombie, der sein Wissen nur dafür einsetzt, seine Geldgier zu befriedigen. Das Ego hat großen Respekt vor Intelligenz, weil es sich selbst meist als klein, unwichtig und dumm ansieht. Also ist jeder, der dazu in der Lage ist, seine Gedanken in einer angenehmen, verständlichen Weise auszudrücken, für das Ego ein „geistiger" Überflieger. Neutral betrachtet ist Intelligenz nicht messbar. Sie ist in der Regel eine Ansammlung von Wissen, das der Inhaber mehr oder weniger erfolgreich dafür einsetzt, einen finanziellen Nutzen daraus zu generieren oder dafür Anerkennung von anderen zu erhalten. Der Verstand arbeitet in vielen Fällen Hand in Hand mit dem Ego.

Wie gesagt, zwischen Ego und Verstand besteht eine gewisse Co-Abhängigkeit.

Wird Intelligenz im Sinne des Ego eingesetzt, kann sie vernichtende Ergebnisse hervorbringen. Denke nur mal an die Atomenergie und an die Pharmaindustrie. Die egogesteuerten Wissenschaftler bauen Bomben und Chemiewaffen, die beseelten suchen friedliche Einsatzzwecke, wie den Bau von Stromerzeugern und Naturheilmittel. Der Verstand hat nichts mit Intelligenz zu tun. Er ist der Handlanger des Ego. Und das Ego will glänzen oder sich elend fühlen. Der Verstand liefert dafür die Ideen zur Realisierung. Erst wenn der Geist mitspielt, kommt das Sein der göttlichen Absicht näher.

„Der Verstand ist vielleicht klug, doch der Geist ist weise".

DER GEIST (philosophische Betrachtungsweise)

Manche Religionen sprechen vom heiligen Geist, in anderen Sprachen auch von Spirit. Gemeint ist damit immer das Gleiche, der göttliche Funke. Wenn wir unseren Körper aus den Augen der Schöpfungskraft sehen könnten, würden wir den Geist bestimmt sofort erkennen.

Da wir dazu aber nicht in der Lage sind, gehen wir einfach mal davon aus, er ist im Kopf untergebracht. Da er eine rein energetische Erscheinung ist und wahrscheinlich keine Form besitzt, bleibt es für uns zunächst bei dieser Vermutung. Es könnte sein, dass er durch die Hauptfontanelle, im oberen Teil des

Schädels, in den Körper eintritt und dadurch auch mit der universellen Schöpfungskraft kommuniziert. Es könnte ebenso sein, dass er mit dem Hypothalamus verbunden ist denn dieser ist der wichtigste Teil unseres Körpers. Ohne ihn wären wir nicht lebensfähig. Er regelt den Atem, die Herzfrequenz, die Körpertemperatur, die Nahrungs- und Wasseraufnahme, den Schlaf-Wach-Rhythmus, kurzum, er steuert das gesamte vegetative Nervensystem. Was wäre, wenn über den Hypothalamus auch der Seelentausch stattfände? Demnach würden sich hier kurz vor dem Ableben des Körpers alle Seelenanteile sammeln, die bislang den Körper als Vehikel benutzt haben. Und wächst ein neuer Mensch im Mutterleib heran, strömten demnach neue Seelenanteile in die Fontanelle und gelangten so in den Hypothalamus. Bis der Körper etwa 36 Monate alt würde durch die Fontanelle noch ein reger Austausch mit der Schöpfungsinstanz stattfinden. Der Mensch wäre in dieser Zeit vollständig an seine wahre Herkunft angebunden. Solange er an das göttliche Planungszentrum angeschlossen ist, könnte die Programmierung seines Gehirns erfolgen. Das Ego würde installiert, und ebenso die individuellen Seelenaufträge, bis sich die Fontanelle des Kindes dann endgültig verschließt und der Körper vollkommen in seinem Mensch-Sein aufgeht. Ab diesem Zeitpunkt vergisst er seine göttliche Herkunft und all seine Erinnerungen daran verblassen. Das, was aus konventioneller Sicht Geist genannt wird, könnte also die Herberge der Essenz des Lebens sein. Ohne den Geist wären wir nur eine Hülle, eine Maschine. Erst die Kombination von Geist, Verstand und Ego macht den Körper zu dem, wozu er erschaffen wurde, einem Gefäß für die Seele. Gehst du (Seele) jetzt noch davon aus, dass du der Erschaffer dieses Vehikels (Körpers) bist, welches du lediglich dazu benutzt, um das zu erfahren, was du auf Seelenebene geplant hast. Bis wir alle in der Lage seid, dies im großen Ganzen zu begreifen, bleiben wir im Körper gefangen und nehmen alles für bare Münze, was uns das Ego vorgaukelt. Der Verstand erhält immer wieder Impulse des Geistes, was wir dann wortwörtlich als „Geistesblitze" ansehen. Daraus entstehen danach Ideen für Produkte, religiöse Konstrukte und andere Erfindungen. Doch ohne den wahren Sinn zu verstehen, enden diese meist in Dramen und Desaster.

DIE MACHT VON GLAUBENSSÄTZEN

Nimm dir Zeit für dieses Thema. Hier findest du die Begründung für jeden Erfolg und Misserfolg in deinem Leben. An dieser Stelle musst du wissen, dass Glaubensätze Denkmuster sind, die in deinem Ego entstehen. Wie du ja schon erfahren hast initiiert das Ego diese hauptsächlich deshalb, um dich zu beschützen. Sie äußern sich in unbewussten Denkvorgängen und Handlungen, die letztlich dein Verhalten und deine Lebensqualität bestimmen. Glaubenssätze bilden sich in der Kindheit durch subjektive Wahrnehmungen, gefiltert durch das Ego.

Damit du das besser nachvollziehen kannst, lies die folgende Geschichte eines Mannes, der sein Dilemma wie folgt beschreibt.

Sein Glaubenssatz war: „Auf Frauen ist kein Verlass. Frauen sind nicht vertrauenswürdig".

„Dieser Glaubenssatz hat sich in mir manifestiert, als ich etwa 2 - 3 Jahre alt war, und ich musste 47 Jahre alt werden, um ihm auf die Schliche zu kommen. Entstanden ist dieser Glaubenssatz, als ich eines nachts in meinem Kinderbett aufwachte und

Seite | 38

feststellte, dass ich allein war. Als ich nach meiner Mutter rief, antwortete sie nicht. Ich hatte große Angst und steigerte mich derart hinein, dass ich panisch an den Gitterstäben meines Bettchens rüttelte. Als meine Mutter dann endlich kam, musste ich vollkommen außer mir gewesen sein, völlig apathisch und schweißgebadet. Obwohl ich sonst keine Erinnerungen an dieses Lebensalter habe, blieb dieses Erlebnis in mir haften. Ich fühlte mich von meiner Mutter derart alleingelassen, dass ich mein Leben bedroht sah. Als ich viele Jahre später meine Mutter darauf ansprach, konnte auch sie sich noch gut daran erinnern, denn sie machte sich lange Zeit große Vorwürfe, weil sie mich in dieser Nacht allein gelassen hatte. Sie sagte, dass sie und mein Vater zu den Nachbarn gegangen waren und dort in Partylaune verfielen, weshalb sie die Zeit vergaßen. Da ich zu diesem Zeitpunkt schon fest schlief, machten sie sich keine Sorgen. Aus ihrer Sicht waren sie ja in der Nähe und mit einer Gefahr war nicht wirklich zu rechnen. Doch das Erlebnis steckte auch ihr noch viele Jahre in den Knochen. Ich habe meiner Mutter natürlich nie etwas vorgeworfen, weil das Ganze eben nur unbewusst etwas in mir bewirkt hatte, nämlich, jeder Frau, mit der ich zusammen war, den stillen Vorwurf zu machen: „Auf dich ist kein Verlass! Du bist nicht vertrauenswürdig!" Mein Ego hatte dieses Ereignis als äußerst „lebensbedrohlich" registriert und deshalb entsprechende Vorkehrungen getroffen. So etwas durfte aus seiner Sicht nie wieder passieren. Deshalb entwickelte es zu meiner (vermeintlichen) Sicherheit diesen tiefgreifenden Glaubenssatz. Durch ihn bin ich Frauen gegenüber misstrauisch geworden. Dieser eine Vorfall in frühester Kindheit hat in mir eine regelrechte Ego-Maschinerie in Gang gesetzt. Ich suchte von da an immer nach Beweisen, die mein Misstrauen rechtfertigten. Ich lauerte geradezu darauf, jede Frau bei einem „Fehler" zu erwischen, um sie zu überführen und mich darin zu bestätigen, dass ich Recht hatte, ohne dabei zu ahnen, dass dies ein Schutzmechanismus meines Egos war. Diesen Glaubenssatz habe ich von einer Beziehung in die nächste mitgenommen. Du kannst dir vielleicht vorstellen wie eine Beziehung aussieht, die von solch unbewussten, unsichtbaren Gedankenmustern überschattet ist. Das ist schon eine spannende Angelegenheit. Da treffen Glaubenssätze von beiden Partnern aufeinander, von deren Existenz in der Regel keiner von beiden etwas weiß. Das ist ein Kampf gegen unsichtbare Windmühlen. Erst als ich meine wahre, jetzige Frau heiratete, bin ich aufgewacht. Nicht gleich, nein, auch bei ihr versuchten meine alten Muster erst wieder ihr perfides Spiel in Gang zu bringen. Wir stritten uns auf Teufel komm raus. Ich hatte Glück, dass sie so stoisch und empathisch war und mich offenbar wirklich liebte und noch immer liebt. Sie hat nicht aufgegeben, den netten und liebevollen Mann in mir zu sehen, der ich in Wirklichkeit ja auch tatsächlich bin. Das Glaubensmuster-Monster in mir war ein echt harter Brocken und ich musste immer aufpassen, es im Zaum zu halten.

Das Ego ist wie ein Monster, das unsere unbewussten Glaubenssätze beschützen will. Um es zu besänftigen müssen wir aufhören, es zu füttern!

Beim Erkennen meiner internen Muster musste ich zuerst lernen, dass mein Ego mich mit diesen Glaubenssätzen zu schützen versuchte, ich aber nicht mein Ego bin und vor allem, keine ungebetene Hilfe von ihm wollte. Da das Ego eine autonom arbeitende Instanz und von seiner Unfehlbarkeit absolut überzeugt ist, muss man sehr taktisch vorgehen, wenn man dessen Lautstärke etwas zurückdrehen will. Man muss ihm die Wünsche der Seele als seine eigenen Ideen verkaufen, damit es diese nicht schon beim Entstehen sabotiert. Sei also auf der Hut. Bedenke zunächst, was du (dein wahres Selbst) wirklich willst und entwickele dann eine Strategie. Um mich aus meiner Glaubensmuster-Falle zu befreien, führte ich mir nachfolgende Punkte immer wieder vor Augen. Dabei helfen keine Gefühlsduseleien, sondern ausschließlich Fakten:

- Ich bin an diesem Kindheitserlebnis nicht gestorben
- Ich atme noch, also lebe ich! (Das ist eine reine Tatsache, ohne Hätte – Wenn und Aber)
- Meine Mutter hatte keine böse Absicht. Sie wollte nicht, dass ich mich derart ängstige
- Eine Mutter liebt ihr Kind bedingungslos! (Alles andere wäre reine Interpretation des Ego, um sein Glaubensmuster-Szenario aufrecht zu erhalten)
- Ich war damals nicht wirklich in Gefahr. Das Zimmer war geheizt, die Haustür verschlossen, meine Eltern waren in der Nähe (mehr gibt es nicht zu sagen)

Mein Ego prägte sich diese Ängste nur deshalb so tief ein, damit das nicht nochmal passierte. Es befürchtete in der Tat meinen/seinen Tod, man sollte ihm dafür fast dankbar sein. Es entwickelte daraus eine wirkungsvolle Überlebensstrategie: „Achtung – sei auf der Hut vor Frauen! Die lassen dich hängen, wenn es ernst wird" (grob gesagt: Achtung – Frauen töten Dich!) Dieses Ereignis nahm mein Ego jedenfalls zum Anlass, die volle Kontrolle über mein Leben zu übernehmen. Es machte mich zu einem regelrechten Sklaven, ohne dass ich davon wusste. Mein Ego meint es wohl sicherlich gut mit mir, es überschreitet aber hin und wieder seine Kompetenz".

Wie du an der Geschichte dieses Mannes gut erkennen kannst, musst du sehr wach und voller Präsens durchs Leben gehen. Willst du wirklich frei sein, musst du dein Ego überlisten. Es verhindert dein persönliches Wachstum, weil es überall Gefahr wittert. Es ist dafür erschaffen, um deinen Körper/Avatar zu beschützen. Willst du aber deiner Seele Freiheit verschaffen, musst du taktisch klug vorgehen. Damit du deine internen Dialoge besser durchschauen kannst musst du außerdem lernen, dir selbst richtig zuzuhören. Zum Üben ist das folgende Beispiel gut. Was impliziert die folgende Aussage?

„Meine Eltern haben mich ins Leben gesetzt!"

Denk mal intensiv darüber nach. Du hast das schon zigmal gehört, ob von dir selbst, Freunden oder Familienmitgliedern. Zumindest hat das jeder schon irgendwann mal in seinem Leben gesagt, gehört oder gedacht.

- Meine Eltern haben darüber entschieden, ob ich zur Welt komme oder nicht
- Ich war daran nicht beteiligt und hatte keine Wahl
- Das war nicht meine Entscheidung
- Ich bin gegen meinen Wunsch hier
- Ich kann überhaupt nichts dafür, dass ich hier bin
- Die setzen mich einfach in die Welt und ich soll sehen wie ich klarkomme

- Ich war ungewollt, ein Unfall

Daraus ergeben sich dann folgende Glaubenssätze:

- Ich bin hilflos
- Ich bin machtlos
- Ich bin ausgeliefert
- Ich bin das Opfer
- Ich kann nichts dafür
- Andere führen die Regie in meinem Leben
- usw.

Kommt dir etwas davon bekannt vor? Kannst du vielleicht noch mehrere Glaubenssätze in dir entdecken?

Wie zum Beispiel:

- Ich bin zu dumm
- Ich bin zu dick
- Ich bin zu dünn
- Ich bin nicht liebenswert Ich bin faul
- Ich bin wertlos
- Ich bin hässlich
- usw.

Dann vielleicht noch diese Vergleiche:

- Die anderen sind schlauer, besser, schöner und erfolgreicher als ich.
- Sie haben bessere Gene, bessere Eltern, bessere Lebensumstände

Daraus ergibt sich die weitaus wichtigere Frage:

„Wie wird sich ein Mensch wohl entwickeln, der so über sich denkt?"

Ist er der aktive Gestalter seines Lebens? Geht er motiviert an seine Aufgaben heran, weil er davon überzeugt ist, diese auch zu schaffen? Wohl eher nicht. Er lebt ja im ständigen Vorwurf an seine Eltern und im Bewusstsein, daran unbeteiligt zu sein. Somit haben andere die Entscheidungsgewalt über sein Leben. Erschwerend kommt hinzu, dass das Ego nichts lieber hat, als Recht. Deshalb wird es aus diesen Aussagen seine wirkungsvollsten Glaubenssätze formen und der Gesellschaft damit beweisen wollen, wie gut es sich selbst doch kennt. Mache dir deshalb bewusst: Es sind nur Programme, die dich dazu bringen, so über dich zu denken. „Ich bin nicht gut genug!" Das klingt verdammt hart, trifft aber auf die meisten Menschen zu. „Ich bin nicht gut genug" zieht sich wie ein roter Leit(d)faden durch das ganze Leben und steigert sich nicht selten zu dem Satz: „Ich bin nicht lebenswert!" Kannst du dir vorstellen, was dies bedeutet und wohin es führt, wenn man so über sich denkt? Diese unbewussten Denkmuster machen keine Ausnahme. Sie treffen jeden von uns. Dabei ist es egal, ob der Mensch aus einem Akademiker Haushalt stammt oder einer Arbeiterfamilie. Ob arm oder reich, spielt dabei ebenfalls keine Rolle. Das betrifft Menschen jeglicher Herkunft. Insoweit ist das Universum sehr gerecht. Viele bleiben auf diesem Punkt ihr Leben lang hängen. Sie beklagen sich über all die Ungerechtigkeiten, die ihnen das Leben angetan hat. Sie hören nicht auf, ihren Eltern Vorwürfe über dies und das zu machen. Sie begreifen nicht, dass nur sie allein bestimmen, was in ihrem Leben passiert. Nur ein paar schaffen es, ihren Eltern wenigstens zu verzeihen. Natürlich können sie den Schaden, den man ihnen angetan hat, nie zu 100% vergeben, um es mal sarkastisch auszudrücken. Sie bleiben ewig in diesem Vorwurf verstrickt und verhindern dadurch ihr persönliches Wachstum, ohne zu merken, dass sie sich selbst im Weg stehen. Je früher du also diesen unbewussten Glaubenssatz „Ich bin nicht gut genug" oder gar „Ich bin nicht lebenswert" in deinem Leben erkennst und dann auch auflöst, desto früher entkommst du dem Opferstatus. Erst dann holst du dir die Macht über dein Leben zurück. Du willst wissen wie das geht?

Vertraue darauf, dass es eine höhere Macht gibt, die alles auf intelligenteste Weise erschaffen hat. Packe es nicht in eine Religion, sondern bleibe bei der Quelle.

Alles um uns herum ist so perfekt, wie es nur ein Wesen erschaffen kann, das voller Liebe und Wunder ist.

Wie du bis jetzt lesen konntest, entspringt alles einem Gedanken. Du fühlst dich gut, wenn du gute Gedanken hast. Und wenn du schlechte Gedanken denkst, sieht dein Leben entsprechend danach aus.

Wenn du also die Macht über dein Leben haben willst, dann fange damit an, machtvoll zu denken.

Denke ab sofort niemals wieder schlecht über dich und gehe davon aus, dass DU DEIN Leben SELBST geplant und entworfen.

Der Schöpfer hat uns nach seinem Abbild erschaffen. Somit tragen wir ihn in uns.

Akzeptiere es als universelle Wahrheit! Dann kannst du sofort aufhören zu jammern. Stattdessen verkündest du freudig:

- „Ich selbst habe entschieden, wann und wo ich geboren werde! Ich habe mir meine Eltern genau ausgewählt!
- Sie gaben mir die besten Gene, die ich zu meiner Selbstverwirklichung brauche!
- Ich bin auf meinen eigenen Wunsch hin hier auf der Erde! Ich bin machtvoll, ich bin schöpferisch!
- Ich gestalte mein Leben nach meinen Vorstellungen und Wünschen

Spürst du den Unterschied? Kannst du sehen, wie sich eine Situation verändert, sobald man sie aus diesem Blickwinkel betrachtet?

„Meine Eltern sind genauso, wie ich sie für meine Entwicklung brauchte!"

Das klingt komplett anders als:

„Meine Eltern haben mich schlecht behandelt und gegen meinen Willen ins Leben gesetzt!"

Ist diese Betrachtungsweise nicht befreiend? Und das Gute darin ist, es sind alles nur Gedanken!

„Du musst nicht mehr tun, als dein Denken zu verändern".

Kannst du jetzt sehen, dass im Grunde genommen alles nur davon abhängst, wie du es bewertest?

"DU bist Deines Glückes Schmied! Und niemand sonst!"

Da erhält dieses Sprichwort erst seinen richtigen Sinn. Aussagen, wie- „Mein Vater war ein böser Mann. Ich hatte immer Angst vor ihm. Durch ihn habe ich diese Angst vor Menschen entwickelt. Wegen ihm ist mein Leben so schlecht"- triefen regelrecht vor Selbstmitleid. Es ist unbestritten, dass Kinder durch ihre Eltern in ihrem Leben manchmal viel Leid erfahren. Aber es bringt einfach nichts, sich über vergossene Milch aufzuregen. Irgendwann muss man erwachsen werden. Wenn du deine Denkweise veränderst, das heißt, in erster Linie die Verantwortung für DEIN Leben komplett übernimmst, musst du niemals Jemandem etwas verzeihen. Da gibt es nichts zu verzeihen. Wenn du DIR deine Eltern ausgesucht hast, dann haben sie immer nur das getan, was du (Seele) von ihnen erwartet hast, was gut für deine persönliche Entwicklung war oder ist. Denke nach, was deine Seele durch diese Wahl vielleicht erfahren wollte.

- Welche Stärken hast du daraus entwickelt?
- Welchen Sehnsüchten hängst du nach?
- Was willst du noch erleben?

Danach höre auf, dich zu beklagen. Ab einem gewissen Alter muss man sich ohnehin ernsthaft die Frage stellen:

- Wann lasse ich die alten Dinge oder Vorwürfe los?
- Wann will ich endlich anfangen zu leben?
- Wie viel Zeit bleibt mir denn noch?"

Fang damit an, die Essenz in den Augen deiner Mitmenschen zu sehen, suche den Kontakt zu ihrer Seele, nicht zu den Rollen, die sie spielen. Das Ego teilt Menschen in Kategorien und Wichtigkeit ein. Für das Ego gibt es nur Väter, Mütter, Kinder, Vorgesetzte,

Ärzte, Lehrer, Obdachlose, Penner, Stars und VIPs. In diesem Hierarchiebewusstsein gibt es nur Hochmut, Unterdrückung, Rechtfertigung, Hass, Rache und Krieg. Das Leben ist bestimmt von Hass, Eifersucht, Neid und Gewalt. Trifft eine Seele auf eine andere Seele, gibt es nur Liebe. Daran erkennst du, ob du bei vollem Bewusstsein bist.

WERTSCHÄTZUNG

Weil Wertschätzung wichtig ist, um das Leben im tieferen Sinn zu begreifen, definiere ich die Begriffe Wertschätzung und Dankbarkeit etwas ausführlicher.

Im allgemeinen Sprachgebrauch drücken beide Begriffe ungefähr das gleiche aus. Ich finde allerdings, dass der Kontext der Wertschätzung ein anderer ist, als der der Dankbarkeit. Dankbarkeit hat irgendwie etwas Untertäniges. „Ich bin dankbar, dass du mir geholfen hast", schreit geradezu nach dem Nachsatz, „...denn ohne dich hätte ich es nicht geschafft". Darauf könnte dann noch folgen, „...ich selbst bin dazu nicht in der Lage". Irgendwie hinterlässt Dankbarkeit den Eindruck: „Ich bin klein und hilflos". Und derjenige, der mir geholfen hat wird dadurch, ohne, dass er das von sich aus will, erhöht. Mit meiner Dankbarkeit stelle ich mein Licht unter den Scheffel und den anderen setze ich auf einen Thron. Dankbarkeit hat immer den bitteren Beigeschmack, dass eine äußere Kraft helfen muss, die mir offenbar fehlt. Kannst du nachvollziehen, was ich meine? Bin ich jedoch wertschätzend, ist das anerkennend und auch gleichzeitig vermittelnd. Ersetze ich Dankbarkeit durch Wertschätzung muss ich allerdings auch das Wort „Hilfe" durch das Wort „Unterstützung" ersetzen. Dann würde ich in der gleichen Situation sagen: „Ich finde es großartig, dass du mich in dieser Sache unterstützt hast". Nun folgt in deinem internen Dialog der Nachsatz: „...ich hätte es wohl auch allein schaffen können, doch mit dir war es einfacher, weshalb alles schneller ging". Spürst du den Unterschied? Bei dieser Aussage bleiben beide Gesprächspartner auf Augenhöhe. Das bedeutet nicht, dass du niemals mehr „Danke" sagen sollst. Sich zu bedanken gehört schließlich auch zum guten Ton. Es geht mir hierbei um die Wertschätzung an das Leben im Allgemeinen.

Zur Vertiefung: Wir Menschen sind durch die Religionen so konditioniert, dass wir Gott, den Schöpfer, immer im Außen sehen. Wir huldigen ihm und bitten ihn um Gnade. Wenn wir anerkennen, dass WIR selbst der Schöpfer sind, müssen wir unsere Sichtweise auf alle Dinge verändern, die sich im Leben ergeben. Deshalb die Frage:

- Wenn du selbst Gott bist, wen musst dann um Hilfe bitten?
- Schätzt du das, was dich umgibt?
- Wertschätzt du das, was du in deinem Leben hast oder gar jenes, was du als dein Leben bezeichnest?
- Warum tust du das?
- Was veranlasst dich dazu Dinge, Personen oder Umstände wertzuschätzen?

Schon als kleines Kind brachten dir deine Eltern bei, Dankbarkeit auszudrücken, wenn dir jemand ein Geschenk machte. Das gehörte schon immer zu einem einvernehmlichen Miteinander und ist ein Zeichen guter Erziehung. Natürlich scheint eine solche Dankbarkeit in erster Linie dafür gedacht, bei dem anderen einen guten Eindruck zu hinterlassen, als von Wert für dich selbst zu sein. Dankbarkeit ist meist kein

Ausdruck echter Wertschätzung aber ein überaus wichtiger Teil für den Umgang mit deinen Mitmenschen. Dankbarkeit und Wertschätzung sind in der heutigen Zeit zu einer billigen Phrase verkommen. Wir sind uns nicht klar darüber, wie wichtig der Sinn echter Wertschätzung für die Weiterentwicklung ist. Dies liegt zum einen daran, dass wir alles haben, was wir zum Leben brauchen und wir benötigen die Geschenke anderer nicht wirklich. Wir kaufen uns schlichtweg selbst, was wir uns wünschen. Warum sollten wir uns also über die fünfte gestreifte Krawatte oder das dritte Teeservice von unserer Tante freuen? Natürlich ist dies ein sehr banales Beispiel, doch irgendwie führt es schon zur Wahrheit. Versetze dich mal zurück in die Steinzeit. Falls es dir an Vorstellungskraft mangelt, nehme ich dich mal kurz an die Hand und gehe mit dir an einen phantasievollen Ort.

Dort siehst du nämlich gerade aus dem Fenster und blickst auf den ersten Schnee in diesem Jahr. Es sieht aus, als wäre es draußen ziemlich kalt. Für dich kein Problem, denn du sitzt ja wohlbehütet, und der Jahreszeit entsprechend gekleidet, im beheizten Büro. Deine Vorfahren hingegen kratzten jeden verfügbaren Grashalm zusammen, um daraus einen einigermaßen warmen Untergrund zu schaffen, auf den sie sich setzen oder legen konnten. Mit viel Glück hatten sie ein paar Felle und eine Höhle, die ihnen Schutz vor den eisigen Temperaturen boten. So ein Winter kann ziemlich lang sein, wenn man tagein tagaus darum kämpfen muss, nicht zu erfrieren. Und was ist mit Nahrung? Sie waren auf die Beeren und Kräuter angewiesen, die sie in der warmen Jahreszeit in ihrer Umgebung fanden. War der Mann in der Familie ein guter Jäger, hatten sie möglicherweise etwas Fleisch aus den Sommermonaten übrig, um den

Winter zu überbrücken. Doch im Großen und Ganzen war das Überleben ein echtes Glücksspiel. Sie waren verdammt nah dran an der Natur. Leben und Tod lagen dicht zusammen. Sie mussten nicht nur sich selbst warmhalten, sondern sich hauptsächlich darum sorgen, auch Ihre Babys durchzubringen. Wenn du selbst Kinder hast, wirst du dich an die Zeit auf der Wochenstation erinnern. Schon der kleinste Luftzug machte dich nervös. Ist das Kleine warm genug angezogen? Sollen wir ihm noch eine Decke auflegen? Und das ganze Tamtam bei Raumtemperaturen um die 23°C. Ein Witz gegenüber den Problemen deiner Vorfahren. Oder weißt du noch, wie man draußen in der Natur überlebt? Bei -10° C, ohne Kleidung und Nahrung. Und wenn ich noch draufsetze - ohne die gewöhnlichen Hilfsmittel, fällt deine Antwort wohl trotzdem noch vollkommen anders aus als die, an die ich gerade denke.

Denn, was wären denn überhaupt adäquate Hilfsmittel? Gewehr oder Pfeil und Bogen für die Jagd? Oder nur die Skills für ein Töten der Beute mit den bloßen Händen? Feuer, um das Tier zu braten, oder ausreichend gesunde Zähne, um das Fleisch roh verzehren zu können? Kleidung oder lediglich ein paar Fellfetzen, die zumindest ein paar Körperteile vor der Kälte schützen? Eine Höhle? Oder steht möglicherweise nur ein Unterstand aus zusammengestellten Ästen und Blättern zur Verfügung? Du siehst, es gibt viele Dinge, die du als vollkommen normal betrachtest und worüber du dir noch nie Gedanken machen musstest. Und dabei musst du nicht wirklich weit in deine Vergangenheit zurückreisen. Noch dein Vater, aber sicherlich dein Großvater wusste, was Hunger bedeutet. Er hätte sich über einen geschenkten Apfel gefreut. In seinem Elternhaus gab es kein heißes Wasser und seine gesamte Bekleidung passte in einen kleinen Koffer. Er hatte damals nur zwei Unterhosen. Eine für werktags, die andere für das Wochenende. Er hatte nur ein paar Schuhe, die er an kälteren Tagen trug. Im Sommer liefen sie meist barfuß durch die Gegend. Das Leben deines Ur-Opas war noch um ein Vielfaches einfacher.

Gut, ich denke das reicht 😊.

Hast du bei meinem Ausflug in die Vergangenheit einen Grund gefunden, worüber du aus ganzem Herzen dankbar sein oder gar Wertschätzung empfinden könntest?

Das waren vielleicht ein paar sehr plakative Beispiele, doch sie zeigen deutlich, wie weit wir uns in der heutigen Zeit vom puren Leben entfernt haben. Es ist deshalb von entscheidender Bedeutung, dass wir uns unserem wahren, ursprünglichen Selbst bewusst werden. Deshalb ist Wertschätzung etwas, das aus tiefster Seele kommt oder zumindest kommen sollte, denn es erinnert uns an das, was unsere Vorfahren auf sich genommen haben, um ihre Kinder – dich/uns - durchzubringen. Ohne sie, wären du und ich nicht da. Deshalb bleibe ab und zu mal stehen und fühle deinen Ursprung. Fühle das Wunder deines Seins.

WAS IST BEWUSSTSEIN?

Wenn man über diese Frage intensiv nachdenkt, kommt man auf unzählige Antworten. Und je öfter man sich mit ihr beschäftigt, desto mehr Türen gehen auf, hinter denen neue Fragen auf uns warten.

Es scheint geradezu, als wäre die Suche nach dem Bewusstsein vergleichbar mit dem oft zitierten Weg in den Kaninchenbau. Wir stoßen immer wieder auf neues Terrain und je weiter wir in diese fremde Welt vordringen, desto weiter entfernen wir uns von unserer eigenen. Manche finden sogar nie wieder den Weg zurück. Deshalb ist es wichtig, dass du dich nicht zu sehr in einer abstrakten Gedankenwelt verfängst, und dennoch ist es notwendig, dass du verstehst wie dein Bewusstsein und dein Unterbewusstsein miteinander interagieren und welche Auswirkung diese Interaktion auf dein Leben hat. Wie auf dieser Abbildung eines Eisberges zu sehen ist, liegt auch die Mehrheit deiner internen Prozesse unter der Wasseroberfläche.

Foto: iStock-1264160353

Wie weit müsste man also graben, wollte man seine tiefsten Gedanken und Verhaltensmuster ergründen? Selbst wenn wir dadurch auf unsere dunkelsten Geheimnisse stoßen würden, wie könnten wir dadurch unser bewusstes Leben verbessern?

Wäre es deshalb nicht besser wir erkennen lediglich an, dass der Großteil immer unberührt in unserem Unterbewusstsein schlummert? Stattdessen könnten wir uns verdeutlichen, dass die Ergebnisse, die wir in unserem Leben sehen, zum einen bewusst, zum anderen unbewusst von *uns* kreiert wurden.

Seite | 53

Und genau da liegt der Hase im Pfeffer, wie man so schön sagt.

ALLE Ergebnisse in unserem Leben sind durch uns entstanden. WIR sind dafür *verantwortlich!*

Natürlich gefallen uns viele davon nicht, da wir sie als „negativ" betrachten. Aber auch sie sind unsere Schöpfung. Da sie uns offenbar keinen Nutzen bringen, sondern uns eher schaden, wollen wir damit nichts zu tun haben.

Warum ist das so? Was ist der Grund, warum wir uns weigern, für „negative" Ergebnisse die Verantwortung zu übernehmen?

Und jetzt wird es spannend!

Weil wir in einem wahrhaftigen Schuldsystem gefangen sind, welches sogar Bestrafungen nach sich zieht, falls wir irgendetwas nicht so erledigt haben, wie es das System von uns erwartet hat. Und mit „System" meine ich nicht allein die Gesellschaft mit ihren Regeln und Vorgaben, sondern jenes System in unserem Inneren, welches aus Glaubenssätzen und Vorurteilen besteht. Die „Angst" etwas falsch zu machen beginnt in der Kindheit und endet erst dann, wenn wir das Wort „Schuld" durch den Begriff „Verantwortung" ersetzen.

Wenn wir dann noch aufhören alles in falsch und richtig, gut oder böse, einzuteilen und stattdessen nur noch von Ergebnissen sprechen, anstatt von Fehlern und Misserfolgen sind wir einem bewussten Leben ein gutes Stück nähergekommen.

- *Kannst du den Unterschied zwischen den Worten Schuld und Verantwortung fühlen?*

- *Welche Emotionen, beziehungsweise welche Gefühle entstehen in dir?*

Wenn du dich bewusst darin übst, Verantwortung zu übernehmen, anstatt *vermeintliche* Fehler von dir zu weisen, holst du dir die Macht über dein Leben zurück. Du stehst schlagartig nicht mehr zur Verfügung, wenn es um Schuldzuweisung geht.

Denke gründlich über folgende Aussage nach:

„Wem ich die Schuld gebe, dem gebe ich auch die Macht!"

Schreibe dir auch hierzu deine Gedanken auf und nutze dafür den freien Platz auf dieser Seite.

_____
_____
_____
_____
_____
_____
_____
_____
_____
_____
_____
_____
_____
_____
_____
_____
_____
_____

Schuld macht klein, Verantwortung verleiht Größe!

Immer wenn wir in den Kreislauf der Schuldzuweisungen verfallen sagen wir uns selbst, auf geistiger Ebene, dass wir nicht die Größe besitzen, verantwortlich für unsere Ergebnisse zu sein. Im Umkehrschluss bedeutet dies, dass wir andere für stärker halten, damit klarzukommen.

DER EISBERG

Hier stehen wir genau vor dem gleichen Dilemma, wie schon zuvor beim Ego. Wir können den Einfluss des unteren Teil des Eisbergs auf unser Leben nicht einfach abschalten, geschweige denn seinen Inhalt ignorieren oder gar löschen.

Was wir jedoch tun können ist zu lernen, seine Funktionsweise zu verstehen, um dann im bewussten Teil unserer Wahrnehmung entsprechende Maßnahmen zu ergreifen.

Vielleicht ist es für dich an dieser Stelle erst einmal wichtig zu erfahren, was du dir unter dem Begriff „Eisberg-Modell" überhaupt vorstellen kannst.

Im ursprünglichen Sinn, wie auch in unserem konkreten Fall, drückt es im groben die Kommunikation zwischen Menschen aus, auch wenn es immer wieder auf andere Belange übertragen wird.

Der Ausdruck „das ist nur die Spitze des Eisbergs" zeigt schon ziemlich eindeutig, was man darunter verstehen kann.

„Wir sehen im oberen Bereich also immer nur das allgemein Bekannte und der weit größere, unbekannte Teil bleibt unter der Wasseroberfläche verborgen".

Der Teil der sichtbaren Masse liegt bei etwa 20% und 80% sind im Wasser verborgen.

Man spricht bei den 20% von der Sachebene, die wir mit unserem bewussten Verstand erfassen und steuern können. Dazu gehören alle sachlichen Informationen und Fakten, welche du deinem Gesprächspartner mitteilst. Also kann man sie auch als „Verbale-Kommunikation" bezeichnen.

Der 80%ige Anteil ist die Beziehungsebene. Hierzu gehören Gefühle, Gestik und die gesamte Körpersprache. Es ist demnach eine „Nonverbale-Kommunikation". Auch wenn diese von keinem der Beteiligten verstanden werden kann, so beeinflusst sie doch zum Großteil die gesamte Kommunikation.

Kurzum:

„Wir kommunizieren IMMER, ob wir das wollen oder nicht!"

Um es mit den Worten von Paul Watzlawick auszudrücken:

„Wir können NICHT, NICHT kommunizieren".

Um möglichst viel von dem unbewussten Anteil in uns, aber auch dem unseres Gesprächspartners aufzunehmen, erfordert es 100%ige Präsens.

Das heißt, wir müssen neben seiner Worte auch seine Körpersprache erfassen, und im besten Fall, geistesgegenwärtig miteinander abgleichen.

Wenn sein Mund „Ja" sagt, sagt sein Körper vielleicht „Nein". Sind wir aufmerksam, bemerken wir in einer solchen Situation die Diskrepanz zwischen seinem bewussten und unbewussten Bereich und können eventuell noch einmal nachfragen, um seine wirkliche Einstellung oder Haltung herauszufinden.

(Falls du mehr über die Körpersprache erfahren willst, empfehle ich dir Samy Molcho. Er ist für mich auf diesem Gebiet der Meister aller Klassen).

Kommen wir nun wieder auf die Ergründung interner Prozesse zurück und betrachten uns, wie man diese bewusst nutzen kann.

Im unbewussten Teil deines Eisbergs ist praktisch alles vergraben, was dein Ego jemals gedacht und gefühlt hat. Wenn dir nun im Tagesgeschehen Situationen und Menschen begegnen, gleicht das Ego diese mit seinem Archiv ab und schießt Signale in deinen bewussten Verstand.

Entweder sind diese Signale „positiver" oder „negativer" Natur, weshalb du mit Angst oder Freude auf die jeweilige Situation reagierst.

Sobald eine derartige Emotion in dir aufsteigt, sage „STOPP!" zu deiner inneren Stimme. Damit bringst du einen gewissen zeitlichen Abstand zwischen „Reiz" und „Reaktion" und verschaffst dir damit einen Freiraum, um eine klare, vollkommen bewusste Antwort zu finden.

Dies ist ein Prozess, den du vermutlich etliche Male üben musst, bevor er zur Gewohnheit wird. Am Anfang kann es durchaus vorkommen, dass die keine Antwort einfällt, und die Unterhaltung somit etwas ins Stocken gerät. Bleibe dabei entspannt und beantworte die

Frage ehrlich und freundlich. Vielleicht auf diese Weise: „Pardon, aber darüber muss ich erst einmal nachdenken".

Eine derartige Reaktion hat gleich mehrere positive Aspekte.

1. Dein Gesprächspartner fühlt sich von dir ernstgenommen, da seine Frage so wichtig für dich ist, dass du darüber nachdenkst.
2. In seinen Augen gewinnst du an Glaubhaftigkeit, da die nicht vorschnell aus der Hüfte schießt.
3. Du hast Zeit gewonnen, um dir tatsächlich Gedanken machen zu können und vermeidest eine unüberlegte Antwort.
4. Die Beziehung zu deinem Gesprächspartner wird dadurch dauerhaft gestärkt, da er dich als tiefgründig und gewissenhaft abspeichert.

Vielleicht fallen dir noch ein paar positive Auswirkungen ein. Dann schreib sie auf.

GEDANKEN-HYGIENE

Mit der zuvor beschriebenen Vorgehensweise lernst du viele Details über deine unbewusste Programmierung kennen.

Diese können sehr vielschichtig sein:

- Vorurteile über Menschen in deinem Umfeld
- Vorurteile zu allgemeinen Dingen, wie Politik, Religionen, usw.
- Automatisierte Reaktionen auf wiederkehrende Situationen.

- Nervosität beim Sprechen vor einer Gruppe oder bestimmten Menschen bzw. Rollen (z. B. Chef, Star, Pfarrer, etc.)
- Vor allem aber stößt du immer wieder auf deine Glaubenssätze.

Denke nach und bring all diese unbewussten Muster an die Oberfläche und verwandle sie zu deinem Vorteil. Bedenke dabei stets:
NICHTS, aber auch gar Nichts daran ist negativ oder muss dir in irgendeiner Weise peinlich sein. Nur du (dein Ego) bewertet alles, um dich klein und kontrollierbar zu halten.

Wenn du dir in allen Belangen des täglichen Lebens Zeit nimmst, bevor du reagierst, gewinnst du von Tag zu Tag mehr Stärke. Gewissermaßen trickst du damit dein Ego aus und gibst damit deinem wahren Selbst mehr Spielraum.

Positive vs. Negative Gedanken

Hier möchte ich dir lediglich ein paar Beispiele nennen, damit es dir leichter fällt das eine vom anderen zu unterscheiden.

ANTWORTEN UND WEITERE FRAGEN

Nun wenden wir uns deinen Antworten auf die Fragen zu, die am Anfang des Buches gestellt wurden.

> 1. *Frage: Hör auf, dich zu beschweren, sondern verändere ...*

Was würdest du verändern bzw. was hast du vielleicht schon verändert? Sind es Dinge oder Menschen, die du verändern möchtest?

Was passiert in (mit) dir, wenn du etwas veränderst? Wie fühlt sich das für dich an? Gefällt dir was du fühlst?

Die elementare Frage sollte sein: Was *will* ich fühlen?

Denke nach und finde heraus, welche Gedanken dich beflügeln und welche dich runterziehen. Entscheide dann, was dir besser gefällt und konzentriere dich darauf. Das, worauf du deinen Fokus legst, wird sich mehren. Alles andere tritt mehr und mehr in den Hintergrund, bis es letztlich keine Rolle mehr in deinem Leben spielen wird. Natürlich wollen wir alle ein glückliches Leben führen, auch wenn die Phasen des Unglücklichseins sich oftmals lange Zeit in unserem Dasein zeigen. Manchmal nimmst du es vielleicht auch als selbstverständlich hin, dass vieles nicht gelingt und akzeptierst es schlichtweg. Du bezeichnest es womöglich als Karma oder als Teil deiner Persönlichkeit.
Das Gute daran ist, du allein kannst es verändern, indem du dich für das Glücklichsein entscheidest.

An dieser Stelle ist die Geschichte von den zwei Wölfen ganz passend:

Eines Abends erzählte ein alter Cherokee-Indianer seinem Enkelsohn am Lagerfeuer von einem Kampf, der in jedem Menschen tobt.

Er sagte: „Mein Sohn, der Kampf wird von zwei Wölfen ausgefochten, die in jedem von uns wohnen.

Einer ist böse. Er ist der Zorn, der Neid, die Eifersucht, die Sorgen, der Schmerz, die Gier, die Arroganz, das Selbstmitleid, die Schuld, die Vorurteile, die Minderwertigkeitsgefühle, die Lügen, der falsche Stolz und das Ego.

Der andere ist gut. Er ist die Freude, der Friede, die Liebe, die Hoffnung, die Heiterkeit, die Demut, die Güte, das Wohlwollen, die Zuneigung, die Großzügigkeit, die Aufrichtigkeit, das Mitgefühl und der Glaube."

Der Enkel dachte einige Zeit über die Worte seines Großvaters nach und fragte dann: „Welcher der beiden Wölfe gewinnt?"

Der alte Cherokee antwortete: **„Der, den du fütterst."**

2. Frage: Was Peter über Paul sagt, sagt mehr über Peter als über Paul.

Hast du schon einmal Menschen dabei beobachtet, wie sie über einen anderen reden? Was jedoch viel wichtiger ist, hast du dich selbst schon einmal dabei erwischt, als du dies getan hast?

Es ist hoch interessant, was Peter über Paul zu sagen, da Peter hierbei sehr viel über sich erfahren kann. Es gilt nämlich als erwiesen, dass das, was uns an anderen stört, oder was wir an anderen bewundern, unsere eigene Stimme ist, die aus den unbewussten Tiefen des unteren Teil des Eisbergs zu uns spricht. Sobald du sie hörst, sollten bei dir ab sofort sämtliche Alarmglocken schrillen. Bedenke immer, DU bist der Beobachter und gleichzeitig der Regisseur deines

Lebens, die Stimme ist nur eine Programmierung deines Ego und plappert ungefiltert alles heraus, was sie für richtig hält.

Sie rezitiert ununterbrochen deine Glaubenssätze, damit du sie auch artig verinnerlichst und dein Selbstbild dementsprechend nach außen trägst. Wenn du die Stimme also dabei erwischst, dass sie Paul als einen „faulen Sack" bezeichnet, kannst du mit deinem jetzigen Wissen sicherlich erahnen was sie von dir hält.

Und jetzt kommt die Königsdisziplin der Gedankenhygiene ins Spiel. Anstatt Paul als „faulen Sack" zu bezeichnen, kannst du dich hingegen selbst fragen, warum du (deine Programmierung) *dich* für faul hält.

Und es ist vollkommen sicher, dass dieser Gedanke in deinem bisherigen Leben eine Rolle gespielt hat, denn sonst wäre er nicht da.

Natürlich könntest du jetzt sagen: „Aber ich kann doch nichts dafür, dass ich so programmiert bin".

Ja, für die Ur-Programmierung bist du sicherlich nicht bewusst verantwortlich, aber all deine wiederholten Denkmuster, haben auf unbewusster Weise dazu geführt, dass sie heute dein Handeln bestimmen, und somit auch die Ergebnisse in deinem Leben.

Nachdem du diese internen Prozesse nun bewusst wahrnimmst, und entsprechend veränderst, holst du dir die Verantwortung und die Macht zurück.

Akzeptiere, dass du dich aufgrund deiner Programmierung für faul gehalten hast, und erinnere dich bewusst an Dinge und Taten, bei denen du fleißig warst. Hole dir alle Erinnerungen an diesen Fleiß zurück und belohne dich dafür mit einem tiefen Gefühl des Stolzes. So fütterst du den fleißigen, stolzen Wolf in dir.

Wenn du auf diese Weise mit allen anderen Gedanken umgehst, verändert sich deine Programmierung nach und nach, um dich zu dem Menschen zu machen, der du sein willst.

3. Frage: Welchen Inhalt haben Sätze, die mit „ich bin…" anfangen, für gewöhnlich?

Mittlerweile weißt du natürlich, dass hiermit deine Glaubenssätze gemeint sind. Frage dich trotzdem immer wieder, wer du bist, wer du sein willst und *wie* du sein willst. Nutze diese Fragen als Wegweiser, zur Kontrolle deiner Wahrnehmung und als Inspiration für Ziele, die du noch erreichen willst. Sei dabei kritisch, aber auch nicht zu kritisch. Stelle das Glück und die Freude in den Vordergrund, dann geht dir alles leichter von der Hand.

4. Frage: Was fühlst du, wenn du sagst „ich bin…"?

Gelingt es dir nach dem bisher Gelesenen zu unterscheiden, ob deine innere Stimme über deine Gefühle bestimmt, oder ob deine bewussten Gedanken das Ruder in der Hand haben.
Denke immer daran: „Emotionen/Gefühle folgen den Gedanken".
Sobald du bewusst „besser" über dich denkst, erhellen sich deine Emotionen und Gefühle.

5. Frage: Was ist der Unterschied zwischen einem „hin zu…" und einem „weg von…"?

Bei einem „Hinzu…" entsteht ein Sog, beim „Weg von…" wirst du immer wieder zurückgezogen. Je mehr Zeit du damit verbringst, deine „echten" Ziele mit Gefühlen auszuschmücken, desto besser sind die Chancen, diese zu erreichen.

Packe deshalb all deine Vorstellungskraft hinein, um das Ziel real erscheinen zu lassen. Damit du besser nachvollziehen kannst was ich meine, hier ein simples Beispiel

(Prinzipiell: Schließe bei jeder Visualisierung die Augen. Atme durch die Nase ein und durch den Mund wieder aus. Lasse den Atem so lange ruhig fließen, bis du ruhig und entspannt bist).

„Jetzt stelle dir eine rote Rose vor. Achte dabei auf jedes noch so kleine Detail ihrer Blätter. An manchen Stellen ist es ein helles, leuchtendes Rot, an anderen ist das Rot dunkel, nahezu schwarz. Je näher du der Rose kommst, desto mehr erkennst du die Struktur der Blätter. Auf ihrer Oberfläche sind hauchfeine Rillen, die bei näherer Betrachtung wir Adern aussehen, welche die Rose mit Nährstoffen versorgen. Hin und wieder siehst du einen winzigen Tautropfen, der wie ein glänzende Perle auf der Oberfläche tanzt. Du verspürst den Wunsch, mit dem Zeigefinger über ihre Blätter zu streicheln, und je mehr du dich ihr mit deiner Nase näherst, desto intensiver kannst du den feinen Duft riechen, der von ihr ausströmt. Du atmest ihn tief ein und du fühlst, dass du zu einem Teil von ihr wirst".

Diese Art der Visualisierung kannst du mit allen anderen Zielen wiederholen. Ob du dir dabei vorstellst, wie du nach einem gewonnen Marathonlauf auf dem Siegerpodest von den Zuschauern gefeiert wirst, oder ob du von deinem Chef eine Prämie für besonders gute Leistungen erhältst. Erschaffe mit der Visualisierung einen Sog.

6. Frage: Was löst ein „du musst..." in dir aus?

Na, was hast du darauf geantwortet? Lass mich raten, es hat dir geradezu die Kehle zugeschnürt?! Ja, ein „du musst..." kann fürchterlich erdrückend wirken. Deshalb ist es so wichtig zu wollen, um der Umklammerung des Müssens zu entkommen.
Angenommen dein Arzt sagt dir, dass du mit dem Rauchen aufhören musst.
Was passiert jetzt wohl in deinem Inneren? Was sagen Ego und Verstand dazu?
Nun, da du die Funktionsweise beider Instanzen mittlerweile kennst, kannst du dir in etwa vorstellen was passiert.

Das Ego ist vermutlich in vollem Aufruhr und krempelt sofort die Ärmel hoch, um dir etliche Ablenkungsvorschläge zu präsentieren, die dich vom Rauchen ablenken sollen. Damit erweckt es aber auch gleichzeitig Versagensängste in dir, solltest du es nicht schaffen. Dein Verstand wiederum spürt deine Angst und liefert zu deiner Beruhigung Fakten, wie zum Beispiel: „Es gibt etliche Beweise für die Existenz uralter Raucher. Also, „don´t worry, be happy". Was nun?

Der einzige Ausweg aus diesem Dilemma ist die Veränderung deiner Gedanken. Anstatt „ich *muss* aufhören, sonst werde ich krank", könntest du dir sagen „ich werde aufhören zu rauchen, weil ich frei und gesund sein will".

7. Frage: Was löst ein „ich will..." in dir aus?

Ich denke, du bist jetzt soweit in der Thematik gefestigt, dass du die Antwort kennst. Hier nur noch einmal etwas zur Vertiefung.

HÖR AUF ZU MÜSSEN, FANG AN ZU WOLLEN

Was du wirklich willst, ziehst du auf magische Weise an. Willenskraft ist dann nicht vonnöten. Sobald du aber denkst, etwas Bestimmtes erreichen zu *müssen*, aus welchem Grund auch immer, wird es schwer. Mit großer Sicherheit wirst du scheitern, da zum einen kein Mensch auf der Welt dauerhaft Willenskraft aufbringen kann, und zum anderen er nur *diejenigen* Ziele erreichen wird, die er wirklich erreichen will.

Die Praxis zeigt, dass Menschen oftmals nicht wissen, was sie wirklich wollen. Was sie hingegen *nicht wollen*, ist vielen bekannt.
Die Erkenntnis zu wissen, was man nicht will, löst beim ein oder anderen eine Art Fluchtmechanismus aus. Es entsteht in so einem Fall ein „weg-von-Effekt".

Was denkst du, folgt einem Fluchtimpuls ein Fluss von Energie, oder steht ihm eher ein Kraftakt entgegen?

Stell dir einfach mal vor, du bist mit einem Gummiband an einem Heizkörper angebunden, der immer heißer wird und du unbedingt weg willst von dieser Wärmequelle. Du wendest Kraft auf, um das Gummiband auseinander zu dehnen, aber der fest installierte Heizkörper zieht dich immer wieder zu sich zurück.

Dein Wille, von ihm wegzukommen nimmt schnell ab, da auch deine Muskelkraft nachlässt. Immer wenn du glaubst es zu schaffen, zieht das Gummiband kräftiger an deinem Körper.
Ganz ohne Zweifel kann das Wissen, was man nicht will, der Auslöser für positive Veränderungen sein, doch wenn man kein Ziel, keine großartige Vision vor Augen hat, endet es beim ewigen Kampf mit dem Gummiband.

Jetzt könntest du dich natürlich noch fragen, wie es überhaupt dazu gekommen ist, dass du mit dem Heizkörper überhaupt derart stark verbunden warst.
Ob dich die Antworten weiterbringen ist jedoch ungewiss. Möglicherweise bringen sie dir nur mehr vom Gleichen, noch mehr Wissen von dem, was du nicht willst.

Konzentriere dich lieber auf die Wahrnehmung deiner Emotionen und Gefühle, wenn du dies oder das denkst. Um dich darin zu üben, erinnere dich auch gerne an vergangene Situationen. Was hast du gedacht und welche Emotionen und Gefühle sind gefolgt.

Die Emotionen folgen den Gedanken, nicht umgekehrt. Deshalb frage dich was du fühlen willst, damit du zielgerecht denken kannst.

Seite | 68

EINE WAHRE GESCHICHTE ÜBER DEN WERT DES LEBENS

Ich lernte vor einigen Jahren einen Mann kennen, der tatsächlich zweimal hintereinander 6 Richtige im Lotto hatte und damit einen Gewinn von über vier Millionen machte. Einmal im Lotto zu gewinnen ist schon eine überaus glückliche Begebenheit, wenn man bedenkt, dass die Gewinnchancen beim Lotto bei 1:140 Millionen liegen. Aber gleich zweimal, grenzt schon fast an Zauberei. Doch das ist Nebensache, wenn ich mir seine Reaktion auf die plötzliche Geldfülle betrachte.

Am Tag, an dem die erste Gewinnsumme auf sein Konto gebucht wurde, hörte er auf zu Rauchen und trank keinen Schluck Alkohol mehr.

Seine Freunde konnten dies nicht nachvollziehen: „Was, spinnst du! Jetzt, wo du dir ein Leben in Saus und Braus leisten kannst, hörst du damit auf? Ich fasse es nicht!"

Nun, was war mit ihm geschehen?

Die Antwort ist einfach, das Geld nahm ihm schlagartig all die Ängste, die ihm seine vorherige Armut Tag für Tag bescherte. Es waren meist Geldsorgen, die ihn dazu veranlassten zu trinken. Der Alkohol ließ ihn diese für kurze Zeit vergessen, und die Schadstoffe der Zigaretten waren womöglich dazu in der Lage, sein aus seiner Sicht ärmliches Leben frühzeitig zu beenden.

Als ich ihn darauf ansprach bestätigte er meine Vermutung:

„Weißt du, jetzt ist mein Leben lebenswert. Ich muss mir keine Sorgen mehr machen und das will ich so lange wie möglich genießen, bei voller Gesundheit, versteht sich".

Seite | 69

Was sagt sein Verhalten aus? Heißt dies etwa „nur mit Geld lohnt es sich zu leben".

Das würde ja bedeuten, dass alle wohlhabenden Menschen glücklich sein müssten? Aber sind sie das wirklich?

Im Umkehrschluss müssten dann alle armen Menschen unglücklich sein. Auch das kann ich nicht als Tatsache einstufen.

Aus meiner Sicht ist ein sinnerfülltes Leben weder von Geld noch vom jeweiligen Gesellschaftsstand abhängig, sondern einzig und allein von dem Wert, den ich meinem Leben gebe.

Wenn ich mein Leben wahrhaftig liebe, werde ich aus freien Stücken auf Gewohnheiten verzichten, die meine Liebe zerstören könnten.

Also höre ich nicht nur auf, etwas zu müssen, sondern fange an zu lieben, was ich wirklich will.

Ich lade dich dazu ein, dasselbe zu tun.

DIE EIMER-LISTE od. englisch Bucket-List

Ehrlich gesagt, gefällt mir die englische Schreibweise in diesem Fall besser als die deutsche, da das englische Wort „List" im Deutschen auch als List, wie Finte, gesehen werden kann.

Falls dir der Begriff Eimer-Liste fremd ist, erkläre ich dir kurz, was sich dahinter verbirgt. Auf dieser Liste notieren Menschen ihre größten Wünsche, die sie sich vor ihrem Tod erfüllen möchten.

Seite | 70

Am bildhaftesten wird dies meines Erachtens im Film „Das Beste kommt zum Schluss" gezeigt, mit Jack Nicholson und Morgan Freeman.

Aber welche „List" könnte denn in einer Eimer-Liste stecken? Nun, da die darauf notierten Wünsche so wichtig zu sein scheinen, dass man sie sogar vor dem Tod retten möchte, sind es wohl die besten und überzeugendsten Ziele, die man sich überhaupt setzen kann. Sie sind auf jeden Fall so wichtig, dass man zu ihrer Erfüllung jedes Hindernis überwinden wird. Unter dieser Betrachtungsweise fühlt sich eine Bucket-List wie ein heiliger Vertrag zwischen Mensch und Universum an, der unter keinen Umständen gebrochen werden darf.

Es liegen derart tiefe Gefühle in den einzelnen Wünschen (Ziele), dass selbst dein Ego in die Hände spuckt, um dir bei der Realisierung zu helfen.

Wenn man die Magie einer solchen Liste auch auf andere Ziele übertragen würde, hätte man schon gewonnen, bevor die Tinte trocken ist. Das in ihr schlummernde Potential lässt sich tatsächlich nur erahnen. Oder wie siehst du das?

Am besten trägst du ab sofort immer einen kleinen Notizblock bei dir, um deine Wünsche/Ziele darin niederzuschreiben. Halte auch die Gefühle schriftlich fest, die du mit jedem einzelnen Wunsch/Ziel in Verbindung bringst. Erzähle dir selbst eine Geschichte über deine Errungenschaften. Halte jedes kleine Detail fest, was immer du dabei auch fühlst, wie Stolz, Liebe, Dankbarkeit.

Lies dir diese Liste regelmäßig vor dem Einschlafen durch und nimm deine Geschichten mit in die Traumwelt.

WAS IST ERFOLG?

Hier erlaube ich mir erneut, Wikipedia zu zitieren:

„Um Erfolg (gelegentlich auch als Durchbruch bezeichnet) handelt es sich, wenn Personen oder Personenvereinigungen die gesetzten Ziele erreichen. Gegensatz ist der Misserfolg".

Aber ist das wirklich alles? Man setzt sich ein Ziel, macht sich auf den Weg, bekommt danach den entsprechenden Lohn/Preis, und das wars? Klappt es nicht, spricht man also von Misserfolg.

Diese nüchterne Betrachtungsweise erweckt geradezu den Eindruck, als wären wir vollkommene Verstandes-Wesen, die mit Erfolg genauso sachlich umgehen können, wie mit Misserfolg.
Wie sieht es aber im richtigen Leben aus? Welchen Einfluss hat der Eisberg auf uns, der zu 80% unter der Wasseroberfläche unerkannt sein Unwesen treibt?

Ich denke, ich sollte dir zur Verdeutlichung dieser Thematik noch andere Betrachtungsweisen vor Augen führen.

Wie Paul Watzlawick schon bei der Kommunikation feststellte, kannst du auch nicht <u>nicht</u> erfolgreich sein.

Alles, wirklich alles was wir tun, ist zu 100% mit Erfolg gekrönt! Es gibt nichts anderes als Erfolg!

Um es vielleicht noch etwas deutlicher zu machen: Alles was wir sagen und auch nicht sagen, tun oder nicht tun, führt zum Erfolg. Die Erklärung steckt

Seite | 72

schon im Wort selbst: ER-folg(t). Er ist die Folge, und somit das Resultat unserer Handlungen, ob uns das gefällt oder nicht.

Wenn wir jetzt darauf verzichten, dem jeweiligen „Erfolg" das Prädikat gut oder schlecht, Erfolg oder Misserfolg aufzudrücken, stehen wir einem sehr sachlichen aber simplen _Ergebnis_ gegenüber.

Ein Ergebnis ist vollkommen frei von einer Bewertung und lässt sich damit absolut nüchtern und emotionsfrei betrachten.

Die Akzeptanz, dass es ausschließlich Ergebnisse gibt, befreit dich aus dem System der Schuld. Denn wenn du Schuld an einem Misserfolg hast, fühlt sich das anders an, als wenn du die Verantwortung für ein Ergebnis übernimmst.

Kannst du den Unterschied fühlen?

Jetzt musst du nur noch wachsam darauf hören, aus welcher Region deine innere Stimme zu dir spricht. Hilft sie dir beim Erreichen deiner Ziele und Wünsche, oder leiert sie mal wieder die alten Glaubenssätze herunter, mit denen sie dich klein und dein Ego groß halten kann? Dann tu das Gegenteil! Zeig ihr, wer der Herr im Haus ist.

Und das verstehe _ich_ unter Gedankenhygiene! So oft es geht aufbauende Gedanken gegen erniedrigende zu ersetzen. In der Regel wollen wir nicht glauben, dass wir an unangenehmen Ergebnissen genauso beteiligt sind, wie an den angenehmen. Aber tatsächlich erschaffen wir uns durch unbewusstes Handeln immer wieder Situationen, die sich negativ auf unser

Leben auswirken. Der Grund dafür sind oftmals Sabotageprogramme, die verhindern, dass du glücklich bist. Allerdings tun sie das nicht ohne deine vorherige Zustimmung.

Du fragst dich jetzt, wie du jemals bei etwas zugestimmt haben könntest, was dich „unglücklich" macht?

Ja, das hast du. Du hast die Verantwortung über all deine Ergebnisse. Und jetzt darfst du nicht denken, dass deine Sabotageprogramme „böse" sind, denn das Gegenteil ist der Fall.
Sie wollen nur die Ziele deiner unbewussten Programmierung erfüllen. Bevor du nämlich damit angefangen hast, die Verantwortung für deine Gedanken und dein Handeln zu übernehmen, hatte dein Ego sämtliche Ergebnisse in deinem Leben bestimmt. Wie du weißt, will es dich beschützen und dafür tut es alles, selbst wenn es dir damit schadet.
Dieser Umklammerung entkommst nur, wenn du dem Ego und seinen Programmen dankst und dann das tust, was DU wirklich willst.

Schreibe deine Bucket-List und denke nur noch Gedanken, die dich weiterbringen.
Egal wie dein Wunsch oder dein Ziel aussieht, bevor du es im Außen erreichst, musst du es zuerst im Inneren erschaffen.

„Du musst nichts besitzen, um etwas zu sein. Du bist Dein Besitz".

DAS KUNG-FU-PRINZIP
Der energetische Weg der Kraft

„Kraft fließt immer in eine Richtung. Entweder du stellst dich ihr in den Weg und empfängst ihre zerstörerische Härte, oder du gehst zur Seite um ihre Energie zu nutzen".

Es ist gewissermaßen ein Gesetz der Natur, dass Energie niemals aufhört zu existieren, sobald sie sich einmal entfaltet hat.

Bei einem Kampf entwickeln die Kontrahenten sich zu regelrechten Kraftwerken. Die Kraft ihrer Bewegungen entwickeln Energien, die dann beim Aufeinandertreffen absorbiert oder potenziert werden.
Schnelligkeit ist beim Kampf natürlich ein wichtiger Faktor, genau wie Präzision und Entschlossenheit.
Schnelligkeit kann man gut mit einem Blatt Papier trainieren. Hierzu stelle ich ein kleines Video bereit, zu welchem du über diesen QR-Code gelangst:

(Du kannst das zu jederzeit selbst üben. Wenn es nicht auf Anhieb klappt, weiterüben 😊. Am Holzbrett kann man zusätzlich die Hand abhärten. Aber bitte nur dann versuchen, wenn du schon geübt bist, oder unter fachgerechter Anleitung eines Trainers).

Diese einfache Übung soll dir lediglich zeigen, wie man Kraft punktgenau einsetzen kann und welche Energie dabei freigesetzt wird. Ein weiterer positiver Nebeneffekt dieser Übung ist die Konzentration, die du dabei aufbringst. Sie lenkt dich für eine Weile vollkommen von anderen Gedanken ab und führt dich dadurch ins Hier und Jetzt.

Wenn Kraft also auf einer Geraden weitergegeben wird, ist es schlau, ihr aus dem Weg zu gehen. Einfach nicht da sein, wo die Kraft beabsichtigt zur Entfaltung zu kommen.

Das ist im Grunde damit gemeint, wenn wir vom Kung-Fu-Prinzip sprechen.

„Den Weg der Kraft erkennen, die daraus entstehende Energie einschätzen, um ihr dann im richtigen auszuweichen oder sie zu nutzen".

Alle Kung-Fu Stile gelten üblicherweise als „weich" mit runden, sanften Bewegungsabläufen, wohingegen man Karate oder Taekwondo zu den harten Stilen zählt.

Aber ist das wirklich wahr?

Kann es tatsächlich sein, dass es derart starke Unterschiede gibt, obwohl nahezu alle Kampfstile derselben Herkunft entstammen?

Ich sage „Nein", das ist ein Märchen!

Meine Erfahrung im persönlichen Training mit fernöstlichen Meistern zeigt mir, dass alle Stile von Natur aus fließend und eher sanft sind, als statisch und hart. Also ganz im Gegensatz zu dem, was an unseren Karate-Schulen unterrichtet wird. Natürlich ging ich der Frage nach, warum diese Unterschiede existieren und die Antwort, die ich darauf bekommen habe, war ebenso simpel wie ernüchternd.

Bei fast allen Stilrichtungen, so hieß es, wurden die Techniken anhand von Strichzeichnungen überliefert, wodurch die gesamte Dynamik der Bewegungsabläufe verloren gegangen war.

Viele alte Meister wollten auch vermeiden, dass Fremde in den Besitz ihres Wissens kamen, weshalb ihre Erkenntnisse im Kreis der Familie aufbewahrt wurden. Sofern es keine Erben gab, welche die Kunst wahrhaftig am Leben hätten halten können, starb die Dynamik der Techniken über die nachfolgenden Generationen einfach aus. Was blieb waren die „starren" Strichzeichnungen.

Irgendwann wurden diese dann von ein paar wissbegierigen Kampfkunst-Interessenten aufgegriffen, die dann mühevoll versuchten, den statischen Zeitzeugen wieder Leben einzuhauchen.

Sie sahen die Ausgangsposition und den Endpunkt jeder einzelnen Technik, doch der Weg dazwischen blieb ihnen ein Rätsel.

Wie hätten sie auch ahnen können, dass es sozusagen mehrere Aggregatszustände ein und derselben Technik gibt.

Niemand sagte ihnen etwas über die Dynamik zwischen den kleinen aber entscheidenden Nano-

Bewegungen der Muskulatur zu Beginn, während und zum Abschluss eines Schlages oder Trittes.

Aufgrund dieser lückenhaften Überlieferungen mutierten fast sämtliche Kampfstile zu choreografierten, starren Kuriositäten-Shows.

Und diese Erschaffer, oder besser gesagt „Nachahmer" der Originale, bildeten ihrerseits Schüler aus, die wiederum selbst neue Schüler heranzogen.

So wurde das alte Wissen von Generation zu Generation mehr und mehr verwässert. Die wenigsten Karatetrainer von heute, kamen jemals mit den ursprünglichen „Nachahmern" in Kontakt, und schon gar nicht mit den wenigen Überbringern der Original-Techniken.

Einigen Kung-Fu Stilen ist es wohl gelungen, die Ahnenkette geschlossen zu halten, weshalb sie sich auch heute noch sehr nah am Ursprung bewegen.

Hier nun noch drei Grafiken, welche den Kraftfluss verdeutlichen.

1. Der Frontal-Effekt

Die Kraft des Angreifers trifft in diesem Fall frontal und ungebremst auf das Ziel. Die dabei gewonnene Energie entfaltet die volle Wirkung.

Ein Teil dieser Energie verbleibt nun im getroffenen Ziel, ein anderer findet den Weg zurück zum Ausgangspunkt.

Je schneller der Angreifer nach dem Auftreffen die Faust oder den Fuß zurückzieht, desto mehr Energie lässt er im Ziel. *Was im Umkehrschluss bedeutet, dass ein schneller Rückzug den Energietransfer unterbricht.* Dieses Detail solltest du dir für weitere Erkenntnisse und Übungen merken.

Abb. 1: Frontal-Effekt

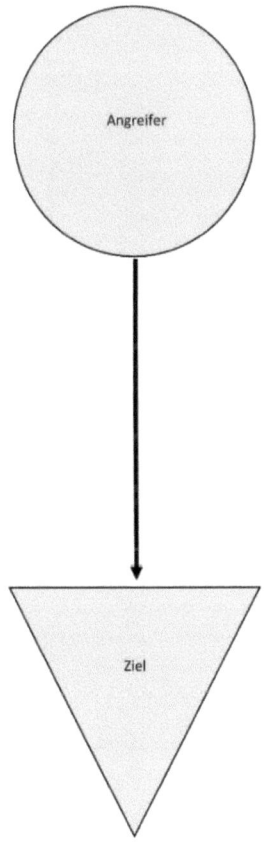

Master-Chi-Coaching©

2. Der Ausweich-Effekt

Abb. 2: Ausweich-Effekt

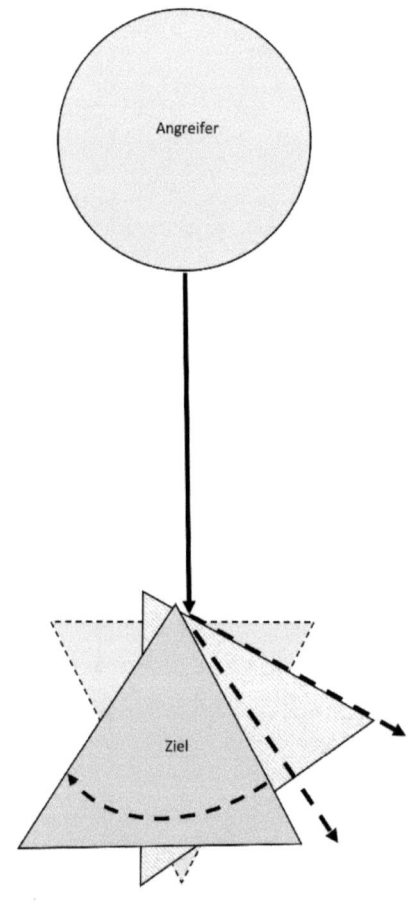

Die Kraft des Angreifers wird durch eine seitliche Drehung abgeleitet. Im ersten Moment verpufft die Energie geradezu im luftleeren Raum.

Zumindest hat man auf den ersten Blick den Eindruck, es wäre nichts passiert. Doch bei genauerem Hinsehen geschieht in diesem Moment sehr viel.

Wie ich zu Beginn erwähnte, geht einmal freigesetzte Energie nie verloren. Aber wohin geht sie, wenn sie den Angreifer verlassen und das Ziel verfehlt hat?

Nun, sie zieht den Angreifer erst einmal hinter sich her. Die Kraft, die er in den Schlag gelegt hat, wird ihm nun zum Verhängnis.

Wenn du schon einmal geboxt hast, und sei es nur Schattenboxen gewesen, kannst du vielleicht nachvollziehen, was ich meine.

Durch den Schwung des Schlages, wird die eigene Körpermasse in Bewegung gesetzt und kommt erst dann zum Stillstand, wenn sie durch eigene Muskelspannung zurückgehalten wird, oder wenn etwas von außen ihren Fluss stoppt.

Und genau hier sehen wir die Vollendung des Kung-Fu-Prinzips.

3. Der Kraft-Umkehr-Effekt

Lässt das Ziel die Kraft des Angreifers an sich vorbeiströmen und startet selbst einen gleichzeitigen Angriff, so benutzt dieses nicht nur seine eigene Kraft bzw. Energie, sondern auch die des Angreifers. Man kann dabei nahezu von einer Verdoppelung der Kraft sprechen.

Abb. 3: Kraft-Umkehr-Effekt

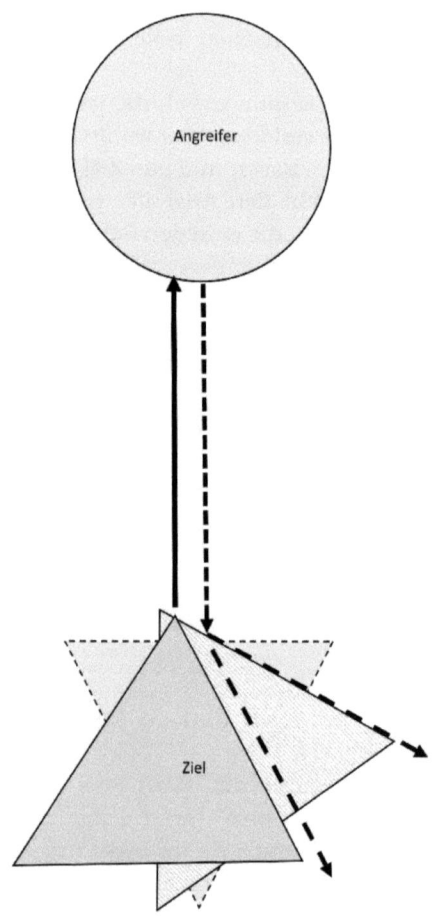

GELEBTES KUNG-FU-PRINZIP

Raus aus der Opferrolle, werde zum Gestalter deines Lebens.

Du hast immer die Wahl, wie du auf einen Krafteinfluss von außen reagierst. Nimm an dieser Stelle vielleicht einfach mal Abb. 1 unter die Lupe „Der Frontal-Effekt". Ersetze das Wort „Angreifer" durch den Begriff „Problem" und das Wort „Ziel" durch „Lösung".

Versetze dich in die Situation, dass jemand dich verbal angreift. Er oder sie beschimpft und verflucht dich, was einem körperlichen Angriff gleichkommt, nur, dass seine Kraft nicht in Form einer Faust, sondern als „geistige" Energie auf dich zukommt.

Du könntest dich diesem Angriff nun entgegenstellen, indem du ihn ebenfalls verbal attackierst. Eure Kräfte würden nun zusammenstoßen und vielleicht in einer Schlägerei enden.

Drehst du dich aber „geistig" zu Seite, lässt du seinen Angriff ins Leere laufen. In diesem Moment entsteht ein Raum, der dir Zeit zum Nachdenken gibt.

Vielleicht antwortest du ihm nun etwas entspannter: „Hey, tut mir leid, dass du so über mich denkst. Was kann ich tun, um das zu verändern?" oder du sagst nichts und entziehst dich einfach der Situation.

Egal wie du dich entscheidest, hast du damit vermieden, dass sein Zorn sich in einem Gewaltakt entfaltet, und euer Verhältnis nachhaltig gestört wird.

Was bei jedem Zusammentreffen mit anderen Menschen hilft, ist ein ruhiger, freundlicher

Blickkontakt, eine von Glaubenssätzen freie Denkweise, und natürlich eine energetische Atmung.

Ich habe mir angewöhnt, grundsätzlich durch die Nasse ein und den Mund wieder auszuatmen. Dabei leite ich den Atem in den Bauchraum und lasse ihn von dort gleichmäßig ausströmen. Diese Atemtechnik hat gleich mehrere positive Effekte. Durch die Bauchatmung wird dein Schwerpunkt nach unten verlagert, was deinen Stand und die Verbundenheit zur Erde verbessert.
Sie sorgt aber auch dafür, dass dein Körper, hauptsächlich aber dein Gehirn, ausreichend und gleichmäßig mit Sauerstoff versorgt wird.

Und der Augenkontakt ist deshalb wichtig, da er Stärke und gleichzeitig Selbstbewusstsein vermittelt.

Selbstbewusste Menschen werden von anderen so gut wie nie als Opfer angesehen.

Es gilt als erwiesen, dass Täter tatsächlich nach einem gewissen Beuteschema vorgehen, genau wie Raubtiere in der Natur. Sie suchen sich ihr Opfer genau aus der Herde heraus.

In meinem Selbstverteidigungstraining stelle ich immer die zentrale Frage, wer ein potentielles Opfer darstellt und wer nicht.
Gerade mit weiblichen Teilnehmerinnen konnte ich das bisher ziemlich konkret erörtern, da sie im Normalfall weniger Erfahrungen im Kampf haben, als Männer. Durch viele Gespräche fand ich heraus, dass das typische Opfer auch typische Verhaltensweisen an den

Tag legt, wovon ich diese drei für besonders schnell erkennbar halte:

> ➢ Ängstlicher Blick ohne direkten Augenkontakt
> ➢ Gebeugte Körperhaltung
> ➢ Leise/zittrige Stimme

Also übten ich mit den Kursbesuchern zunächst einen festen Blickkontakt. Das war in den meisten Fällen eine äußerst spaßige Angelegenheit. Du kannst es ja mal vor dem Spiegel nachempfinden. Du wirst schnell feststellen, dass wir Menschen mit unserer „Augensprache" unglaublich viele Nuancen ausdrücken können. Das beginnt mit einem lustigen Unterton, dann einem gelangweilten, einem herausfordernden und sogar aggressiven Blick. Das alles schafft dasselbe Paar Augen, es ist kaum zu glauben.

Und das nimmt der „Täter" wahr, sogar aus gewissem Abstand, denn das, was du über deine Augen aussendest, spiegelt sich in deinem gesamten Erscheinungsbild wieder.

Ich lege beim Üben den Schwerpunkt deshalb auf den Augenkontakt, da sich dann alles Weitere ebenfalls verbessert. Mit einem selbstsicheren Blick ist es dir kaum noch möglich in gebeugter Haltung zu stehen. Teste das wirklich mal vor dem Spiegel. Zeitgleich verbesserst du mit einer guten Körperhaltung deine körperliche Fitness.

Ich fordere die Teilnehmer/Innen zudem auf, laut und deutlich zu sprechen. Einige von ihnen sind immer wieder überrascht über ihr Stimmvolumen und finden es seltsam, sich zum ersten Mal überhaupt selbst wahrzunehmen.

Die Augen und die Stimme stehen im unmittelbaren Zusammenhang. Deshalb ist es für mich sehr wichtig, dass wir bei jeder Übung diese beiden Instrumente schärfen. Du wirst feststellen, dass du den ganzen Körper des Angreifers sehen kannst, obwohl du den Augenkontakt aufrechterhältst, ohne den Blick wandern zu lassen. Wir haben ein wundervoll großes Blickfeld, wodurch wir einen besseren Überblick zur Gesamtsituation erhalten. Wir nehmen jede, auch noch so kleine Bewegung unseres Gegners im Augenwinkel wahr, und können entsprechend agieren oder reagieren.

Durch die Gespräche während meiner Trainings kam ich einem weiteren Punkt auf die Spur, der vermutlich den größten Anteil am Ausgang einer bedrohlichen Situation hat, nämlich Angst.

Angst lähmt. Angst trübt das Bewusstsein. Angst macht uns klein!

Aber wir haben sie nun mal. Alle! Fast ausnahmslos. Bis jetzt habe ich noch keinen, vollkommen angstfreien Menschen gesehen. Angst ist ein Bestandteil unseres menschlichen Wesens.

Angst schützt uns vor Gefahren – aber, und das ist das Gute, wir sind nicht unsere Angst.

„Doch wie können wir unsere Angst abschalten?" wurde ich oft gefragt.

Meine Antwort lautete damals wie heute: „Überhaupt nicht. Aber wir können sie anders bewerten". Hauptsächlich haben wir Angst davor, dass uns unsere Angst übermannt.

Angst war für uns schon immer etwas Schreckliches. Wir lernten bereits als Kind, dass wir nicht gut sind, wenn wir Angst hatten: „Ach, so ein großes Kind wie du hat doch keine Angst! Schäm dich!" Was fühlten wir in diesem Moment? Na, dass Angst schlecht ist, und wir deshalb ebenfalls, da wir uns mit der Angst absolut identifizierten.

Also, versuche jetzt mal, dich selbst von deiner Angst zu separieren. Nimm dir ruhig ein paar Minuten Zeit für diese Übung. Stelle dir vor, wie du deine Angst von außen betrachtest. Hülle die Angst in einen Kokon. Erkenne an, wie die Angst bemüht ist, dich ständig zu beschützen. Ähnlich wie du das bereits mit dem Ego getan hast. Bedenke, dass die Angst auch nur ein Programm ist. Sie ist dauernd auf der Hut, um dich von Gefahren fernzuhalten, für dein Überleben zu sorgen.

Sie ist ein so aufmerksames Wesen, dessen Job du nun aufrichtig würdigen darfst. Ohne deine Angst wärst du vielleicht schon längst nicht mehr am Leben.

allerdings dürfen wir uns von ihr nicht zu sehr einengen lassen.

Sobald wir unserer Angst zu viel Macht geben, verliert unser Leben an Würze. Der natürliche Reifeprozess, der zum Großteil aus Versuch und Irrtum, also auch Gefahr und Abenteuer besteht, wird eingeschränkt. Aus Angst trauen wir uns nichts mehr zu. Wir beschneiden uns in unserem natürlichen Wachstum. Deshalb müssen wir uns der Angst stellen und ihr zeigen, dass über unser Leben entscheiden.

Wie schon gesagt, „wir sind nicht unsere Angst". Man ist nicht seine Angst, man hat Angst. Das ist der gewisse Unterschied.

Und noch etwas Gutes: „Auch der Täter hat Angst". Ja, da gibt es einiges wovor er sich fürchtet, wie zum Beispiel, selbst ein paar Schläge einstecken zu müssen. Eventuell bei der Straftat erwischt zu werden. Angst vor Verlust seiner Männlichkeit (symbolisch und faktisch).

Also haben jedes Opfer und jeder Täter einen gemeinsamen Ausgangspunkt, nicht wahr? Wie fühlst du dich jetzt?
Gibt dir diese Betrachtungsweise mehr Ruhe? Kannst du dir vorstellen, dieses Wissen in dein Leben zu integrieren?

Was ich als sehr ungünstig betrachte ist ein aufgesetztes, übertriebenes Selbstbewusstsein. Das wird in Selbstverteidigungskursen leider Gottes oft suggeriert.
Ein guter Techniker allein zu sein reicht nicht aus, nur theoretische Kenntnisse leider auch nicht. Wir müssen unsere innere Haltung mit unserem äußeren Erscheinungsbild in Übereinstimmung bringen.

Das kann wie folgt vonstattengehen:

Trainiere absolut bewusst! Lass die Techniken, die dir in einem Kurs gezeigt werden, in deinem Inneren wirken. Versuche diese so anzuwenden, dass dein Trainingspartner tatsächlich eine Wirkung verspürt und nachgeben *muss*. Kommst du mit einer Technik nicht klar, lasse dir vom Trainer eine andere zeigen, die eher zu deinem Naturell passt.
Beobachte deine intuitiven Reaktionen. Das ist unglaublich wichtig! Damit kommst du an deine individuelle Stärke heran und findest heraus, ob du

ein Fuß- oder Handtechniker bist. Was tust du, wenn du einfach reagierst, ohne nachzudenken?
Wie hältst du instinktiv die Arme zur Abwehr eines Schlages, wenn du keine Zeit zum Überlegen hast?
Konditioniere dich positiv, aber nicht überheblich. Auch wenn du möglicherweise nicht unbedingt ein Überflieger bist, was das Kämpfen angeht, hast du aber zu jeder Zeit eine gute Chance, dein eigenes Leben und das anderer zu schützen. Sage dir im Geist oder auch laut: „Der Angreifer tut mir vielleicht weh, aber von mir kriegt er auch sein Fett".

„Tit for tat" wie der Engländer so schön sagt: „Wie du mir, so ich dir!"
Damit kann sich dein Ego anfreunden. Und da es sich damit anfreunden kann, wird es dich auch in deiner Entwicklung unterstützen und deine Angst tritt mehr und mehr in den Hintergrund, da du sie mit mutigen Gedanken überdeckst.
Mit einer Veränderung der inneren Haltung erwirken wir auch unweigerlich eine Änderung im Außen. Fange also mit kleinen Schritten an, dein Ego umzuprogrammieren. Es gibt ja Seminare, bei denen man suggeriert bekommt, dass wir alle großartige, gewinnende, und göttliche Wesen sind, was natürlich auch stimmt, wir dies aber nur allzu oft nicht annehmen können. Wir glauben eher daran, klein und unbedeutend zu sein. Schon als Kind bekommen wir zu hören, „komm, ich helfe dir. Du kannst das noch nicht", oder „...iss, damit du groß und stark wirst". Mit all diesen Aussagen erhalten wir die Bestätigung, dass wir so wie wir sind, nicht ausreichend, nicht vollkommen zu sein scheinen. Wir sind demnach mangelhaft und unvollständig. Zu klein, zu unreif, zu

ungeschickt. Und jetzt sollen wir plötzlich glauben, dass das Gegenteil der Fall ist?

Dein Ego wird dir sofort beweisen wollen, dass das auf gar keinen Fall stimmt.

Versöhnst du dich hingegen mit ihm, wird es dich in deinem Vorhaben unterstützen. Auch wenn ich mich wiederhole, du bist weder dein Ego noch deine Angst.

Zurück zur Stimme, die auf der einen Seite ein wunderbares Medium für eine gelungene Kommunikation darstellt, und auf der anderen eine mächtige Waffe sein kann. Wir müssen Sie nur zweckgebunden einsetzen. Was glaubst du, warum sich ein Angreifer nachts im Park auf Samtpfoten an sein Opfer heranschleicht, und nicht laut pfeifend mit stampfendem Schritt darauf zugeht?

Er versucht besonders leise zu sein, um dich zu überraschen und, dass kein anderer auf seine geplante Straftat aufmerksam wird.

Wie wird er wohl reagieren, wenn du die Stille beherzt zerreißt?

Während er vor dir steht, schreist du aus voller Lunge: „FEUEEEEEEEEER" oder „HIILFEEEEEEEEEEEE" (wobei „Feuer" tatsächlich schneller Helfer heranholt) oder „DICH mach ich niiiieder" usw. Lasse deiner Fantasie beim Finden deines persönlichen Schlachtrufes ruhig freien Lauf.

Was denkst du über deinen Schlachtruf?

Wie wird ein Angreifer wohl reagieren? „Will man nicht instinktiv den Zeigefinger vor den Mund halten und „sei leise" sagen? Was wir damit auf jeden Fall erreichen ist, dass auch er nervös und seine Angst gesteigert wird.

Also hast du damit doch schon eine gewisse Ausgeglichenheit hergestellt. Sozusagen die Waffen gerecht verteilt. Du bist mit deiner Angst zumindest nicht mehr allein.

Durch das couragierte Auftreten des vermeintlichen Opfers, schlägt den Täter in die Flucht.

„Ich lasse mir nichts gefallen!" ist ein grandioses Motto. An früherer Stelle sprach ich davon, dass ein falsches, aufgesetztes Selbstbewusstsein, fatale Folgen haben kann. Mit meiner Aufforderung zu mehr Zivilcourage beabsichtige ich keineswegs die Kreation von Helden. Wie du wahrscheinlich weißt, sind Helden am Ende meist tot und gehören somit der Vergangenheit an.

Unter Zivilcourage verstehe ich ein beherztes und ganz klar lösungsorientiertes Handeln.

Was ist in einem solchen Fall das Ziel? Der Schutz des (vermeintlichen) Opfers, das können wir selbst, aber auch Freunde, die Ehefrau, der Ehemann, die Kinder oder auch ein Fremder sein. Dann geht es um die Entmachtung des (vermeintlichen) Täters unter Berücksichtigung der eigenen Sicherheit".

Ich denke, so können wir das an dieser Stelle erst einmal stehen lassen. Sucht man nach einer offiziellen Begriffserklärung für „Opfer" stößt man auf mehrere Betrachtungsweisen. Es gibt eine ethische, eine religiöse, sowie eine kriminalistische und auch eine soziale Sicht auf die Rolle des Opfers. Konzentrieren wir uns an dieser Stelle jedoch besser auf die handfesten Verhaltensmaßnahmen, mit der wir einen Ausweg aus dieser Rolle finden.

Dazu gehören mehrere Verhaltensentwürfe. Positive Affirmationen reichen dabei nicht aus, man muss zuerst erkennen welche Skills ein Gewinner braucht.

1. Mut

Mut bedeutet nicht, frei von Angst zu sein, sondern handeln obwohl man Angst hat. Wir erkennen an, dass wir Angst haben, aber auch die Bereitschaft besitzen, diese Angst zu überwinden. Dann sind wir mutig. Natürlich haben wir in gewissen Situationen Angst, und das ist auch gut so. Habe ich in meinem bisherigen Leben eher ängstlich reagiert, kann ich meinem Ego heute nicht einfach sagen: „Ich bin mutig". Es würde dies als Floskel einstufen und sich darüber lediglich amüsieren. Das ist mit dem Positiven Denken ohnehin so eine Sache. Im Grunde genommen, ist es wie „Sahne auf Scheiße sprühen". Ich kann einem von Natur aus ängstlichen Naturell nicht so leicht beibringen, dass es ab sofort mutig zu sein hat. Da muss mich schon etwas taktischer Verhalten. Sage ich mir stattdessen: „Ja, ich habe Angst, aber ich gebe mein Bestes", wird dich dein Ego in deinem Sinn unterstützen. Dein Ego gewöhnt sich auf diese Weise nach und nach an dein neues, mutiges Gedankengut.

„Mit neuen Gedanken überschreibst du die alten Programme. Je häufiger du dir sagst „ich gebe mein Bestes und verhalte mich mutig", desto schneller wirst du sichtbare Ergebnisse in dein Leben ziehen.

2. Kampferfahrung

Glaubst du wirklich, dass Erfahrung ausreicht, um in einem Notfall zu überleben? Wann gilt man überhaupt als erfahren? Wie viel Kämpfe muss man ausgetragen haben, um als erfahren zu gelten? Frage mal einen Profi-Boxer, ob er aufgrund seiner Erfahrung einen Kampf gewinnt? Kannst du vorstellen, wie sein Antwort ausfallen wird?

Du wirst sicher ein klares NEIN zu hören bekommen. Denn die mentale Präsenz, die geistige Gegenwärtigkeit entscheiden wie wir im Notfall reagieren. Erfahrung ist dabei sicherlich ein sehr wichtiger Aspekt, aber eben nicht alles. Ich behaupte, dass du bereits über ausreichend Erfahrung und natürliche Ressourcen verfügst, um einen Kampf erfolgreich zu überstehen. Der Beweis dafür liegt ganz klar auf der Hand:

„Du bist am Leben!"

Du hast alle vergangenen Gefahren gemeistert und hast bis heute überlebt. Auch all deine Vorfahren waren übrigens stark. Sie hatten wirklich üble Zeiten überstanden. Das finstere Mittelalter, Pest und Cholera. Ja, denke mal darüber nach, du bist aufgrund ihrer Kenntnisse und Verhaltensweisen zu einem echten Überlebensstrategen geworden. In deinen Zellen ist alles Wissen und jegliche Kampferfahrung deiner Ahnen gespeichert, die sie zum Überleben benötigt haben. Du BIST also von Geburt aus erfahren! Das kann dir niemand nehmen.

3. Technik

Eines ist sicher, ganz ohne Technik geht es leider nicht. Sofern ich nicht lerne, wie man eine richtige Faust macht, verletze ich eher mich selbst, als meinen Gegner. Allerdings muss man darauf achten, dass man

Seite | 93

individuelle Techniken trainiert. Das heißt Techniken zu lernen, die auf die persönlichen Talente eines jeden einzelnen abgestimmt sind und auf einer instinktiven Basis beruhen. Allgemeine Techniken, die ich aufgrund meiner körperlichen Grundeigenschaften nur schwer ausführen kann, fallen mir im Notfall nicht ein, zumindest werden diese mir nicht gelingen. Das ist viel zu gefährlich. Wir alle haben jedoch ein bestimmtes natürliches Repertoire an Bewegungen, und diese gilt es herauszufinden und bewusst zu stärken.

4. Wille

„Ohne Wille geht nichts, aber der Wille allein reicht nicht aus". Und dennoch ist der Wille die entscheidende Kraft bei einem Kampf. Der Wille macht stark und kraftvoll. Der Wille hilft mir, meine Angst zu überwinden. Wir kennen alle den Spruch: „Der Wille versetzt Berge". Kann ich aber ausschließlich mit meinem Willen Berge versetzen? Nein, bestimmt nicht. Aber Wille gepaart mit Mut, Technik und Erfahrung/Lebenserfahrung, versetzt nicht nur Berge, sondern löst in dir die tiefe Erkenntnis aus, dass du zu allem fähig bist. Wenn nicht du, wer dann?

5. Absicht

Nur was ich beabsichtige, werde ich auch tatsächlich erreichen. Wir können dies durchaus akzeptieren, wenn es um Dinge geht, die wir schon erreicht haben. Zum Beispiel: Du hattest irgendwann beabsichtigt, dir ein neues Auto anzuschaffen. Und siehe da, nach einem Jahr stand es in deiner Garage. Du hast das so beabsichtigt, gewollt, dich dafür eingesetzt (gespart,

Seite | 94

gearbeitet) und letztlich die Ernte eingefahren. Die Absicht ist das mächtigste Instrumentarium überhaupt. Wir beabsichtigen rund um die Uhr. Bewusst und unbewusst. Was wir bewusst wahrnehmen, können wir immer nachvollziehen. Das bedeutet, wir beabsichtigen etwas bewusst und sehen danach das Ergebnis. Wir akzeptieren deshalb, dass wir dieses Ergebnis geschaffen haben. Mit der Absicht erschaffen wir also unsere Realität. Das wird mittlerweile selbst von seriösen Wissenschaftlern bestätigt. Unbewusst erschaffen wir aber auch. Da wir das jedoch nicht bemerken, können wir die Resultate aus diesem unbewussten Schöpfungsprozess nicht immer als unser eigenes Produkt anerkennen. Bewerten wir diese Ergebnisse als negativ, schieben wir das dann gerne auf die Gesellschaft, auf die immer härter werdende Zeit im Allgemeinen. „Das wollte ich nicht. Das war doch keine Absicht", sagen wir dann und wundern uns, wie das alles geschehen konnte. Aber so leicht kommen wir aus dieser Nummer nicht heraus. Wie zuvor schon einmal gesagt, sind wir für all unsere Ergebnisse verantwortlich. Ob sie uns gefallen oder nicht. Betrachten wir nun die Absicht im Zusammenhang mit einer Situation, in der wir uns verteidigen müssen, können wir das ganz pragmatisch als Zielsetzung bezeichnen. „Ich setze mir das Ziel, meinen Gegner in die Flucht zu schlagen und diese Situation unbeschadet zu überstehen". Zusätzlich nutze ich meinen Willen, meinen Mut, meine Erfahrung und meine Technik.

HÖR AUF ZU MÜSSEN, FANG AN ZU WOLLEN

Was du wirklich willst, ziehst du auf magische Weise an. Willenskraft ist dann nicht vonnöten. Sobald du aber denkst, etwas Bestimmtes erreichen zu *müssen*, aus welchem Grund auch immer, wird es schwer. Mit großer Sicherheit wirst du scheitern, da zum einen kein Mensch auf der Welt dauerhaft Willenskraft aufbringen kann, und zum anderen er nur *die* Ziele erreichen wird, die er wirklich erreichen will.

Die Praxis zeigt, dass Menschen oftmals nicht wissen, was sie wirklich wollen. Was sie hingegen *nicht wollen*, ist vielen bekannt.

Die Erkenntnis zu wissen, was man nicht will, löst beim ein oder anderen eine Art Fluchtmechanismus aus. Es entsteht in so einem Fall ein „weg-von-Effekt".

Was denkst du, folgt einem Fluchtimpuls ein Fluss von Energie, oder steht ihm eher ein Kraftakt entgegen?

Stell dir einfach mal vor, du bist mit einem Gummiband an einem Heizkörper angebunden, der immer heißer wird und du unbedingt weg willst von dieser Wärmequelle. Du wendest Kraft auf, um das Gummiband auseinander zu dehnen, aber der fest installierte Heizkörper zieht dich immer wieder zu sich zurück.

Dein Wille, von ihm wegzukommen nimmt schnell ab, da auch deine Muskelkraft nachlässt. Immer wenn du glaubst es zu schaffen, zieht das Gummiband kräftiger an deinem Körper.

Ganz ohne Zweifel kann das Wissen, was man nicht will, der Auslöser für positive Veränderungen sein, doch wenn man kein Ziel, keine großartige Vision vor Augen hat, endet es beim ewigen Kampf mit dem Gummiband.

Jetzt könntest du dich natürlich noch fragen, wie es überhaupt dazu gekommen ist, dass du mit dem Heizkörper derart stark verbunden warst.
Ob dich die Antworten weiterbringen, ist jedoch ebenfalls ungewiss. Möglicherweise bringen sie dir nur mehr vom Gleichen, noch mehr Wissen von dem, was du nicht mehr willst.

Damit du leichter herausfinden kannst *was* du willst, lade ich dich zu einer kleinen Übung ein. Dabei geht es um die Wahrnehmung deiner Emotionen und Gefühle, wenn du dies oder das denkst.

Die Emotionen folgen den Gedanken, nicht umgekehrt.

Betrachte bei dieser Gelegenheit zunächst einmal prägnante Situationen aus deiner Vergangenheit. Was genau war geschehen? Was hat es in dir ausgelöst? Welche Emotion ist welchem Gedanken gefolgt?

Nimm dir dafür etwa 15 Minuten Zeit und treffe Vorkehrungen, damit du nicht gestört wirst. Setze oder lege dich auf einen bequemen Untergrund.

Danach atmest du langsam durch die Nase ein und durch den Mund aus. Überlege dabei welche Gedanken nützlicher gewesen wären, um die zurückliegenden Ergebnisse zum Positiven zu verändern.
Je achtsamer du dabei bist, desto leichter fällt es dir, diese neuen Gedanken in dir zu speichern. Dadurch werden immer mehr alte Denkmuster überschrieben und deine Ergebnisse gleichen dem, was du wirklich willst.

Ich nenne diesen Prozess „Achtsame Zielfindung". Wenn du herausgefunden hast, was du wirklich willst, schreibe alles auf und setze dir SMARTe Ziele.

Smart steht für:

S = spezifisch
M = messbar
A = ausführbar
R = realistisch
T = terminiert

Erst die terminliche Fixierung macht den Wunsch zu einem Ziel. Die Attribute spezifisch, messbar, ausführbar, realistisch sorgen dafür, dass ein Wunsch nicht zum Traum wird.

SCHLUSSWORT

Freiheit beginnt im Kopf, genau wie das Selbstwertgefühl und alle anderen Dinge, die uns zu der Person machen, die wir sein wollen und letztlich auch sind.

Im Grunde genommen sind wir denkende, fühlende und auch mitfühlende Wesen, die glücklich und friedvoll miteinander leben wollen. Es gibt natürlich immer wieder auch Ausnahmen, die uns davon abhalten wollen.

Wenn wir uns vor Augen führen, dass die „Guten" in der Überzahl sind, ist es leichter, Mut machende Gedanken zu denken.

Vor allem aber ist es einfacher, sich auf positive Dinge zu konzentrieren und ein „Dazugehörigkeitsgefühl" zu entwickeln. Denn eins ist sicher, nur der einzelne Mensch kann aus sich heraus große Gedanken hervorbringen, aber er braucht die Gruppe, um das notwendige Paradigma zu erschaffen.

Demnach sollten wir alles aus Liebe tun.

Damit du Liebe für dich selbst empfindest, sollte jeder Satz, der mit „ich bin..." beginnt, mit einer positiven Affirmation enden.

Bonus:

Dieser QR-Code führt dich zu meinem YouTube und den Selbstverteidigungs-Videos.

Hier geht´s auch zum Kanal